Michael Kraus

Aromatherapie

**Ätherische Öle für Körper,
Geist und Seele**

Rowohlt

rororo medizin und gesundheit
Lektorat Heike Wilhelmi

Veröffentlicht im Rowohlt Taschenbuch Verlag GmbH,
Reinbek bei Hamburg, Juni 1994
Die Originalausgabe erschien unter dem Titel
«Ätherische Öle für Körper, Geist und Seele»
im Verlag Simon & Wahl, Gaimersheim
Copyright © 1990 by Verlag Simon & Wahl, Gaimersheim
Zeichnungen im Text Anna Lauf
Umschlaggestaltung Kai Funck
Satz Optima PostScript Linotype Library, QuarkXPress 3.2
Gesamtherstellung Clausen & Bosse, Leck
Printed in Germany
990-ISBN 3 499 19652 2

Inhalt

Eine Welt ohne Duft?

Wer hat noch nie von den «Wohlgerüchen Arabiens» gehört, davon geträumt, und sich gewünscht, sie selbst zu erfahren. Balsam, Weihrauch und Myrrhe stehen schon in der Bibel dafür. Seit alters her liebten die Menschen Essenzen und Parfüme. Die vielen Flakons in altägyptischen Gräbern legen ein beredtes Zeugnis davon ab. Die Steinzeitmenschen waren auf ihren Witterungssinn ebenso angewiesen wie das Wild, das sie jagten.

Vergleichen wir z. B. die Aborigines in Australien mit uns «zivilisierten» Menschen, so sehen wir, wieviel wir verlernt oder gar verloren haben.

Und trotzdem: Stellen wir uns vor: Das bißchen, das uns noch geblieben ist – es wäre weg! Eine Welt ohne Duft?

Bei einer starken Erkältung bekommen wir manchmal einen Eindruck davon, was das bedeutet, und wir sind froh, wenn wir das erstemal wieder Gerüche wahrnehmen können, denn wir waren von unseren subtilsten Empfindungen abgeschnitten; die ganze Welt fühlte sich stumpf und taub an. Kein noch so leckeres Essen konnte uns «anlachen» und uns das Wasser im Mund zusammenlaufen lassen. Wie wenig freute uns die blühende Frühlingswiese, das erste Durchatmen beim Spaziergang im Tannenwald, wie sehr fehlte uns der Geruch eines geliebten Menschen, der uns sonst offen und zärtlich stimmte.

Unser Geruchssinn hilft bei allen erdenklichen Entscheidungen, ob:

genießbar – ungenießbar,
angenehm – unangenehm,
gefährlich – ungefährlich.

Die Geruchswahrnehmung ist Einstimmung und Vorbereitung auf eine entstehende Situation zugleich. Sie ist der einzige Sinn, der unmittelbar mit dem stammesgeschichtlich ältesten Teil unseres Gehirns, dem Limbischen System, in Verbindung steht und direkt Nerven, Gefühle und die Seele beeinflußt.

Riechen, erinnern, fühlen, reagieren, all das geschieht in einem Atemzug. Wer hat es nicht schon selbst erlebt, daß ihn ein Geruch plötzlich in eine frühere Situation versetzt, eine Stimmung wieder herbeigezaubert hat. Und alles hat seinen eigenen Geruch: Glück, Zufriedenheit, Liebe, Wut, Geiz, Angst … Bei jeder Stimmungsschwankung ändert sich auch unser Körpergeruch. Auch Krankheiten verströmen ihren eigenen Geruch. Ärzte könnten viel mehr mit der Nase diagnostizieren.

Sie können Ihren Geruchssinn auch auf spielerische Weise erfahren: Jeder Mensch hat seinen eigenen unverwechselbaren Geruch, eine Grundnote, die durch Alter, Gesundheitszustand, Gemütsverfassung, Ernährung etc. immer etwas variiert, aber sich in ihrer Eigenart doch von jeder anderen abhebt.

Es gibt einige schöne Sinnesübungen für die Nase:
Wenn mehrere Menschen, die sich kennen, zusammentreffen, kann einer aus dem Zimmer gehen. Die Zurückgebliebenen stellen sich in einer Reihe auf, am besten mit etwas Abstand voneinander.

Der Spielleiter bringt den Riechkandidaten mit verbundenen Augen wieder herein und führt ihn in geringem Abstand jeweils vor jeden in der Reihe. Der Kandidat muß nun die anderen erriechen. Jeder der Anwesenden kann dann einmal seine Nase ausprobieren.

Oder das Riechen von ätherischen Ölen:
In einem kleinen Kreis werden nacheinander eine bestimmte Anzahl verschiedener Düfte herumgereicht. Am besten zwei fruchtige, zwei

blumige, zwei würzige, zwei krautige und zwei holzige Sorten. Jeder Teilnehmer riecht mit geschlossenen Augen an der jeweiligen Essenz und beschreibt gleich seine Gefühle und Bilder. Danach reicht er das Fläschchen weiter. Wenn die erste Sorte durchgerochen ist, kommt die nächste. Nach fünf Sorten brauchen die Nasen eine Erholungspause, danach kann es in die zweite Halbzeit gehen.

Oder versuchen Sie einmal ganz bewußt bei einem Spaziergang zu riechen: Steine, Gras, Moos, Rinde, Tannenzapfen, Pilze, Blumen...

Anwendungsmöglichkeiten der ätherischen Öle

Innere Einnahme

Am geeignetsten ist die Einnahme von 1 bis 2 Tropfen ätherischen Öles auf einen Teelöffel mit Honig, aufgelöst in einer Tasse warmen Wassers oder Kräutertees zwei- bis dreimal täglich. Eine bestimmte Essenz sollte nicht länger als drei bis vier Wochen hintereinander eingenommen werden.

Folgende Öle sollten vorsichtig und in sehr geringer Dosierung verwendet werden:

Anis, Fenchel, Kampfer, Muskatnuß, Nelke, Origanum, Salbei, Thuja, Thymian, Zimt.

Für Epileptiker ungeeignet sind:

Fenchel, Salbei, Thuja, Ysop.

Während der Schwangerschaft sind folgende Öle zu meiden:

Basilikum, Kampfer, Nelke, Muskatnuß, Majoran, Origanum, Petersilie, Rainfarn, Salbei, Sassafras, Thuja, Wacholder, Wermut, Wurmsamen, Ysop.

Im Zweifelsfall ist es immer besser, sich vor einer «ätherischen Kur» an einen erfahrenen Berater zu wenden.

Grundsätzlich gilt:

Bei Krankheit und länger anhaltenden Beschwerden können ätherische Öle niemals den Arzt bzw. die Ärztin ersetzen.

Verdunstung in der Aromalampe

Die Aromalampe ist Aladins Wunderlampe, mit der Sie sich Ihre Räume, nach den jeweiligen Bedürfnissen, mit Düften gestalten können. Geben Sie in die Schale der Aromalampe Wasser und ein paar Tropfen ätherisches Öl. Eine Kerze im Bauch der Lampe erwärmt die Flüssigkeit und bringt sie zum Verdunsten. Nach kurzer Zeit erfüllt sich der Raum mit dem gewünschten Duft.

Ob Liebeslaube (Ylang-Ylang, Jasmin und Patchouli), Konferenzzimmer (Rosmarin, Muskatellersalbei und Lemongrass), Kinderzimmer (Mandarine, Zimt und Vanille), Sauna (Fichtennadel, Kiefernnadel und Zirbelkiefer), Krankenzimmer (Eukalyptus, Thymian und Wacholder), Weihnachtsfeier (Blutorange, Bitterorange und Zimt), Meditationsraum (Weihrauch, Myrrhe und Muskatellersalbei), überall können Sie die jeweils günstigste Duftatmosphäre schaffen.

Zaubern und spielen Sie mit den ätherischen Ölen.

Bäder

Auf eine gefüllte Badewanne braucht man etwa 10 Tropfen ätherisches Öl. Da es sich nicht mit dem Wasser mischt, sind hierfür natürliche Vermittler notwendig. Am besten geeignet sind Honig, Milch oder Sahne, da sie zudem noch sehr hautpflegende Eigenschaften besitzen. Das ätherische Öl wird mit einem der Emulgatoren gemischt und dem Badewasser beigegeben.

Die entspannende Wärme und das Geborgenheitsgefühl im wohligen Wasser unterstützen ganz stark die Bereitschaft des Körpers, sich den Wirkungen der ätherischen Öle zu öffnen.

Aphrodisisches Bad:

>   5 Tropfen Ylang-Ylang
>   3 Tropfen Jasmin
>   2 Tropfen Sandelholz

Nervenbad:

>   5 Tropfen Melisse
>   3 Tropfen Lavendel
>   2 Tropfen Petitgrain

Aktivbad:

>   5 Tropfen Rosmarin
>   3 Tropfen Zirbelkiefer
>   2 Tropfen Basilikum

Erkältungsbad:

>   5 Tropfen Eukalyptus
>   3 Tropfen Zirbelkiefer
>   2 Tropfen Zimt

Cellulitebad:

>   5 Tropfen Zitrone
>   3 Tropfen Wacholder
>   2 Tropfen Zypresse

Depressionsbad:

>   5 Tropfen Bergamotte
>   3 Tropfen Ylang-Ylang
>   2 Tropfen Vanille

Morgenbad:

>   5 Tropfen Rosmarin
>   3 Tropfen Zitrone
>   2 Tropfen Cajeput

Einschlafbad:

>   5 Tropfen Lavendel
>   3 Tropfen Kamille
>   2 Tropfen Neroli

Körperöle

Zur Herstellung von Massage- und Körperölen benötigen Sie kaltgepreßte fette Öle (Mandel-, Jojoba-, Avocado-, Weizenkeimöl...) und 2–3 % reine natürliche ätherische Öle. Beides zusammen in eine Flasche geben und verschütteln.

Diese Anwendung bewirkt eine gegenseitige Verstärkung. Die Massage öffnet den Körper noch stärker für die Wirkung der ätherischen Öle, und die Essenzen wiederum helfen, daß man sich der Massage mehr hingeben kann. Also eine ideale Ergänzung!

Körper- und Massageöle, bezogen auf 100 ml fettes Öl:

Aphrodisisches Massageöl:

> 10 Tropfen Ylang-Ylang
>
> 5 Tropfen Jasmin
>
> 5 Tropfen Sandelholz
>
> 5 Tropfen Vetiver
>
> 3 Tropfen Patchouli
>
> 2 Tropfen Vanille

Beruhigungsöl:

> 15 Tropfen Lavendel
>
> 15 Tropfen Rosenholz
>
> 5 Tropfen Geranium
>
> 5 Tropfen Cananga

Belebendes Öl:

> 15 Tropfen Rosmarin
>
> 15 Tropfen Bergamotte
>
> 10 Tropfen Zitrone

Kräftigendes Öl:

> 15 Tropfen Zedernholz
>
> 15 Tropfen Sandelholz
>
> 10 Tropfen Zirbelkiefer

Celluliteöl:

    20 Tropfen Zitrone
    10 Tropfen Wacholder
    10 Tropfen Zypresse

Die weiteren Anwendungsmöglichkeiten sind vielfältig. Von der Herstellung eines eigenen Parfüms (etwa 20 % ätherisches Öl mit Jojobaöl oder reinem Weingeist gemischt) über Inhalationen (auf eine Schüssel mit sehr heißem Wasser etwa 10 Tropfen ätherisches Öl geben, den Kopf mit einem Handtuch abdecken und tief einatmen) und Kompressen (auf eine kleine Schüssel mit Wasser etwa 5 Tropfen ätherisches Öl geben, ein Tuch hineintauchen, ausdrücken und auflegen; mit einem trockenen Tuch abdecken) bis zur Herstellung von eigener Kosmetik und der Verwendung als Speisegewürz. Eine spannende Wanderung durchs Wunderland der Düfte.

Allgemeine Hinweise

– Verwenden Sie ätherische Öle nur dann pur auf der Haut, wenn es so angegeben ist. Ansonsten kann es zu Verbrennungen und Verätzungen führen, da die meisten ätherischen Öle stark hautreizend sind.
– Bringen Sie ätherische Öle nicht mit den Schleimhäuten und den Augen in Berührung.
– Bewahren Sie die Essenzen kindersicher auf.
– Lagern Sie die Öle kühl und vor Sonnenlicht geschützt.
Ätherische Öle sind hochkomplexe Gemische einer Vielzahl chemischer Verbindungen.
Ihre Zusammensetzung unterliegt naturgegeben gewissen Schwankungen. Die bedeutendste Stoffklasse innerhalb der ätherischen Öle stellen die Terpene dar, Verbindungen mit 10 Kohlenstoffatomen

und kenntlich an der Endung «-en», z. B. Pinen, Myrcen, Ocimen, Limonen, Phellandren...

Sesquiterpene enthalten 15, Diterpene 20 C-Atome.

Ebenfalls häufig finden sich Terpenderivate wie Alkohole (Endung «-ol»), wie Linalool, Menthol, Nerol, Geraniol, Thymol...

Aldehyde («-al»): Citronellal, Citral...

Ketone («-on»): Menthon, Fenchon, auch Campher ist ein Keton – hier hat man den Trivialnamen nicht an die Nomenklatur angepaßt.

Die Essenzen von A–Z

Angelika
(Engelwurz)

Lateinischer Name: Angelica archangelica
Pflanzenfamilie: Doldenblütler
Heimat: Mittel- und Nordeuropa
Gewinnung: Wasserdampfdestillation
Pflanzenteile: Wurzel und Früchte
Ätherischer Ölgehalt: 0,5–1%
Nötige Pflanzenmenge für 1 kg Essenz:
300 kg trockene Wurzeln und Früchte
Hauptbestandteile: Terpene, Lactone,
Pentansäure, Osthol, Cymel, Pinen

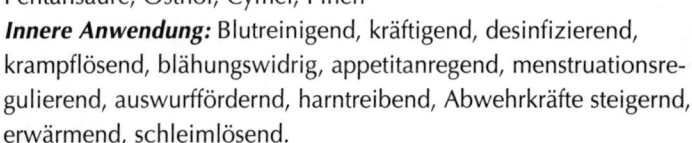

Innere Anwendung: Blutreinigend, kräftigend, desinfizierend, krampflösend, blähungswidrig, appetitanregend, menstruationsregulierend, auswurffördernd, harntreibend, Abwehrkräfte steigernd, erwärmend, schleimlösend.
Bei Schwächezuständen, Verdauungsbeschwerden, Infektionskrankheiten, Durchblutungsstörungen, Blutarmut, Menstruationsbeschwerden, Nervosität.
Äußere Anwendung: Einreibungen bei rheumatischen Beschwerden, Kompressen bei entzündeter Haut, Verdunstung zur Infektionsabwehr und allgemeinen Stärkung.
Psychisch-seelische Wirkung: Ideal für alle Menschen, vom Mauerblümchen bis zum Angsthasen. Wenn Angst, Zaghaftigkeit, Entscheidungsschwäche und Mutlosigkeit am Lebensnerv nagen, regt

Angelika-Öl wieder die Ich-Kräfte an und führt zurück zu den eigenen Wurzeln, zur Mitte. Das erhöht die Widerstandskraft und das Vertrauen in sich selbst und die Existenz.

Pflanzenbotschaft: «Gib nicht auf, du wirst es schaffen!»
Die Angelikawurzel wurde schon vor Hunderten von Jahren zur Abwehr von bösen Geistern und Krankheiten, z. B. Pest, verwendet.
Gegenanzeigen: Nicht vor einem Sonnenbad verwenden! Es sensibilisiert die Haut für ultraviolette Strahlen!

Anis

Lateinischer Name: Pimpinella anisum
Pflanzenfamilie: Doldenblütler
Heimat: Östlicher Mittelmeerraum
Gewinnung: Wasserdampfdestillation
Pflanzenteile: Samen
Ätherischer Ölgehalt: 3–5%
Nötige Pflanzenmenge für 1 kg Essenz:
40–50 kg getrocknete Samen
Hauptbestandteile: Anethol, Anisketon, Anissäure, Acetaldehyd
Innere Anwendung: Schleim- und auswurffördernd, krampflösend, blähungswidrig, harntreibend, milchbildend, verdauungsfördernd, Drüsensekretion anregend, magenerwärmend, appetitanregend.
Bei nervösen Verdauungsbeschwerden, Blähungen, Husten, chronischer Bronchitis, mangelnder Nierentätigkeit, Menstruationsbeschwerden, Migräne, Koliken, Schwindelanfällen.
Äußere Anwendung: Bestandteil von Zahncreme, Verdampfung bei Husten und anderen Erkältungssymptomen, Massageöl bei Magen- und Darmbeschwerden, Einreibung (verdünnt) bei Kopfläusen.
Psychisch-seelische Wirkung: Anisöl löst mild balsamisch die angestauten Ängste. Es lindert und tröstet, wenn seelisch alles ins

Stocken gerät. Es hilft, unbewältigte Gefühle zu verarbeiten. Es schafft eine aufnehmende, geborgene Atmosphäre, wie wenn man zurück zur Mutter kommt, Trost und Liebe erfährt und gestärkt wieder ins Leben zurückkehrt.

Pflanzenbotschaft: «Gib mir deine Last, ich helf dir tragen.»

Gegenanzeigen: Überdosierung wirkt toxisch. Es kann zu starken Schädigungen des Nervensystems kommen.

Arnika

Lateinischer Name: Arnica montana

Pflanzenfamilie: Korbblütler

Heimat: Europa

Gewinnung: Wasserdampfdestillation

Pflanzenteile: Blüten

Ätherischer Ölgehalt: 0,5 – 1 %

Nötige Pflanzenmenge für 1 kg Essenz:
400 kg trockene Blüten

Hauptbestandteile: Laurin-, Öl-, Palmitinsäureester, Azulen, Paraffin, Fettsäuren

Innere Anwendung: Anregend, harntreibend, auflösend, entzündungshemmend, krampflösend.
Bei Übelkeit, Blutstau, Gehirnerschütterung, Lähmungen, Herzerkrankungen, Leber- und Milzschwellungen.

Äußere Anwendung: Kompresse oder Einreibung bei Prellungen, Verstauchungen, Quetschungen, Zerrungen, Verband bei Schnittwunden, Massageöl bei rheumatischen Beschwerden, Auflagen und Waschungen bei Hautentzündungen.

Psychisch-seelische Wirkung: Arnika ist angezeigt bei schweren Schocks, allen erdenklichen seelischen Wunden und Schmerzen. Es wirkt lösend und ableitend bei emotionalen Stauungen. Es ist

ratsam, das Öl vor allen zu erwartenden traumatischen Situationen zu benutzen (z. B. Operationen, Geburten, Prüfungen, Auseinandersetzungen, Trennungen).
Pflanzenbotschaft: «Komm her, ich heile deine Wunden.»

Baldrian

Lateinischer Name: Valeriana officinalis
Pflanzenfamilie: Doldenblütler
Heimat: Eurasien
Gewinnung: Wasserdampfdestillation
Pflanzenteile: Wurzeln
Ätherischer Ölgehalt: 1 – 1,5 %
Nötige Pflanzenmenge für 1 kg Essenz: 100 kg getrocknete Wurzeln
Hauptbestandteile: Pinen, Fenchen, Camphen, Terpinen, Cymol
Innere Anwendung: Beruhigend, krampflösend, leicht betäubend, balsamisch, nervenstärkend.
Bei Schlaflosigkeit, Nervosität, Nervenschwäche, Epilepsie, Magen- und Darmkrämpfen.
Äußere Anwendung: Salbenzubereitung bei nervöser, überempfindlicher Haut, schlaffördernder Badezusatz, Massageöl bei Magenkrämpfen und Koliken.
Psychisch-seelische Wirkung: Bei Angstzuständen, die sich in Übernervosität und Rastlosigkeit äußern, schenkt Baldrianöl wieder die Möglichkeit zu Einkehr und Ruhe. Es betäubt uns fast ein bißchen, um uns aus dem Teufelskreis herauszulösen und uns wieder die Möglichkeit zu geben, die Situation gestärkt und mit neuen Augen zu sehen.
Pflanzenbotschaft: «Laß dich fallen, ich entführ dich zu dir selbst.»

Basilikum

Lateinischer Name: Ocimum basilicum L.
Pflanzenfamilie: Lippenblütler
Heimat: Vorderasien
Gewinnung: Wasserdampfdestillation
Pflanzenteile: Kraut, Blüten
Ätherischer Ölgehalt: 0,3 – 0,4 %
Nötige Pflanzenmenge für 1 kg Essenz: 500 – 800 kg der frischen Pflanze
Hauptbestandteile: Methylchavicol, Cineol, Campher, Linalool, Ocimen, Pinen
Innere Anwendung: Magenstärkend, krampflösend, beruhigend, durchwärmend, menstruationsfördernd, hustenlindernd, schweißtreibend, nervenstärkend, darmreinigend, Nebenniere anregend.
Bei Überarbeitung, Streß, Depression, Schlafstörungen, Migräne, Verdauungsschwäche, Darminfektionen, Menstruationsbeschwerden, Nierenträgheit, Fieber, Keuchhusten, Bronchitis.
Äußere Anwendung: Pur auf Insektenstiche, Verdampfung bei Verlust des Geruchssinns infolge chronischen Schnupfens, Haartonikum bei Haarausfall, in aphrodisischen Massageölen, kräftigender Badezusatz, Waschung oder Auflage bei schlecht heilenden Wunden.
Psychisch-seelische Wirkung: Bei geistiger Überanstrengung und Erschöpfung erschließt das Basilikumöl neue, ungeahnte Kraftquellen und läßt Selbstvertrauen wachsen.
Pflanzenbotschaft: «Hab Vertrauen, du hast mehr Kraft, als du glaubst!»

Bay

Lateinischer Name:
Pimenta racemosa (P. acris)
Pflanzenfamilie: Myrtengewächse
Heimat: Südamerika, Ostafrika,
Westindien
Gewinnung: Wasserdampfdestillation
Pflanzenteile: Früchte, Blätter
und Zweigspitzen
Ätherischer Ölgehalt: 1,2 – 1,3 %
Nötige Pflanzenmenge für 1 kg Essenz: 80 – 90 kg frische Blätter
Hauptbestandteile: Eugenol, Chavicol, Furfurol, Myrcen, Phellandren, Citral
Innere Anwendung: Antiseptisch, appetitanregend, magenstärkend, durchwärmend, durchblutungsfördernd, schmerzlindernd, stoffwechselanregend.
Bei Magen- und Darmerkrankungen, Durchblutungsstörungen, Erschöpfungszuständen.
Äußere Anwendung: Bestandteil von Haarwässern und Haarwuchsmitteln, Zusatz von Rheuma- und Durchwärmungsbädern.
Psychisch-seelische Wirkung: Wenn die Antriebskräfte nachlassen und man sich immer weiter zurückzieht und isoliert, gibt Bayöl Hilfe und Unterstützung, nach außen zu gehen und sich dem Leben wieder zu stellen.
Pflanzenbotschaft: «Komm, trau dich und spring wieder in den Fluß des Lebens.»

Beifuß
(Wilder Wermut)

Lateinischer Name: Artemisia vulgaris
Pflanzenfamilie: Korbblütler
Heimat: Eurasien, Nordamerika
Gewinnung: Wasserdampfdestillation
Pflanzenteile: Kraut
Ätherischer Ölgehalt: 0,2 %
Nötige Pflanzenmenge für 1 kg Essenz:
500 kg frisches Kraut
Hauptbestandteile: Cineol, Thujon, Pinen, Amyrin
Innere Anwendung: Wurmtreibend, appetitanregend, leberreinigend, stärkend, anregend, verdauungsfördernd, krampflösend, menstruationsfördernd, fiebersenkend, auswurffördernd, antirheumatisch, zusammenziehend.
Bei Magenschwäche, Verdauungsbeschwerden, Appetitlosigkeit, Gallenleiden, Koliken, Nervenschwäche, Lungenentzündung, Epilepsie und Krämpfen.
Äußere Anwendung: Zusatz zu kräftigenden Bädern, mit fettem Öl gemischt als Einreibung gegen Hautparasiten, als Waschung oder Auflage bei entzündeter Haut.
Psychisch-seelische Wirkung: Beifußöl hilft bei der Konzentration auf das Wesentliche. Wenn man sich in tausend Möglichkeiten und Einzelheiten verzettelt hat und dadurch Kraft und Schwung verloren hat, bringt es unmittelbar zum Eigentlichen, zur klaren Sicht zurück. Dadurch können die vielen Möglichkeiten nicht mehr verunsichern. Entscheidungen können leichter getroffen und der eigene Standpunkt dann besser vertreten werden.
Pflanzenbotschaft: «Sieh das Wesentliche und entscheide.»
(Beifuß im Haus, treibt den Teufel in die Flucht)
Gegenanzeigen: Nicht während der Schwangerschaft benutzen. Dieses Öl wirkt abortiv!

Benzoe

Lateinischer Name: Styrax benzoin
Pflanzenfamilie: Styraxgewächse
Heimat: Südostasien
Gewinnung: Alkoholauszug und
nachträgliche Destillation
Pflanzenteile: Harz
Ätherischer Ölgehalt: 5 %
Nötige Pflanzenmenge für 1 kg Essenz: 20 kg Harz
Hauptbestandteile: Benzoesäure, Zimtsäure, Vanillin, Styrol, Benzaldehyd
Innere Anwendung: Stimulierend, keimtötend, durchwärmend, balsamisch, schleimlösend, harntreibend, kreislaufanregend.
Bei Streß und Erschöpfungszuständen, Asthma, Grippe, Bronchitis, Blasenkatarrh, Harnwegsinfekten, Rheuma, Arthritis, Gicht, Hautentzündungen, Dermatitis, Ekzemen.
Äußere Anwendung: Inhalation bei Bronchitis und Erkältungen, Mischung mit Jojobaöl gegen trockene, rissige Hände, Einreibung mit fettem Öl zusammen bei Muskel- und Gelenkschmerzen.
Psychisch-seelische Wirkung: Bei Niedergeschlagenheit wirkt Benzoeöl leicht euphorisierend. Es legt eine Schicht von Balsam auf unsere wunde Seele, die sich in dieser wohligen Geborgenheit von ihren Verletzungen erholen kann.
Pflanzenbotschaft: «Komm her, ich heile deine Wunden!»

Bergamotte

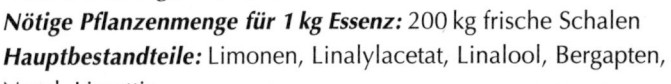

Lateinischer Name: Citrus aurantium
Pflanzenfamilie: Rautengewächse
Heimat: Ostasien
Gewinnung: Pressung
Pflanzenteile: Schalen
Ätherischer Ölgehalt: 0,5 %
Nötige Pflanzenmenge für 1 kg Essenz: 200 kg frische Schalen
Hauptbestandteile: Limonen, Linalylacetat, Linalool, Bergapten, Nerol, Limettin
Innere Anwendung: Angstlösend und stimmungsaufhellend, antiseptisch, blähungswidrig, fiebersenkend, krampflösend, magenanregend, wurmtreibend.
Bei Darminfektionen, Appetitlosigkeit, Koliken, Depressionen, Nervosität, Abgeschlagenheit.
Äußere Anwendung: Gurgelwasser bei Halsentzündungen, Waschungen oder Kompressen bei schlecht heilenden Wunden, Hautpflegeprodukte bei Akne und unreiner, fetter Haut, Wadenwickel bei hohem Fieber, auf Herpesbläschen auftragen.
Psychisch-seelische Wirkung: Bei Angst und Depressionen wirkt Bergamotteöl lösend und entspannend, gleichzeitig stark stimmungsaufhellend und belebend. Es ist ein Antidepressivum par excellence. Das verlorene Selbstbewußtsein wird wieder aufgebaut, die Seele wird erfrischt, Freude und Spaß am Leben kommen aus der dunklen Tiefe wieder ans Tageslicht.
Pflanzenbotschaft: «Komm aus dem schwarzen Loch und tanz mit mir in der Sonne.»
Gegenanzeigen: Nicht vor einem Sonnenbad verwenden! Es sensibilisiert die Haut für ultraviolette Strahlen!

Birke

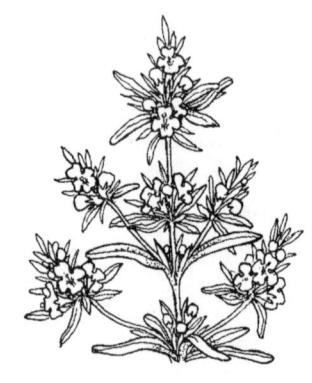

Lateinischer Name: Betula lenta
Pflanzenfamilie: Betulaceae
Heimat: Gemäßigte Zonen Eurasiens
Gewinnung: Wasserdampfdestillation
Pflanzenteile: Rinde, Blätter
Ätherischer Ölgehalt: 3 %
Nötige Pflanzenmenge für 1 kg Essenz: 35 kg
Hauptbestandteil: Methylsalicylat
Innere Anwendung: Galleflußfördernd, verdauungsfördernd, beruhigend.
Bei Gicht, Wassersucht, in der Veterinärmedizin gegen Koliken und Würmer.
Äußere Anwendung: Antirheumatisch, Harnsäure lösend, durchwärmend, wundheilend, haarwuchsfördernd.
Psychisch-seelische Wirkung: Birkenöl weckt die Lebensgeister und bringt das Lebensrad wieder in Schwung. Es ist das richtige Öl, um alte Schlacke und seelische Gifte auszuschwemmen und dem Leben wieder rein und frisch gegenüberzustehen.
Pflanzenbotschaft: «Fühl dich wie neugeboren.»

Bohnenkraut

Lateinischer Name: Satureja hortensis L.
Pflanzenfamilie: Lippenblütler
Heimat: Mittelmeergebiet u. Kaukasus
Gewinnung: Wasserdampfdestillation
Pflanzenteile: Kraut und Blätter
Ätherischer Ölgehalt: 0,3 – 1,9 %

Nötige Pflanzenmenge für 1 kg Essenz: 100 kg frisches Kraut
Hauptbestandteile: Carvacrol, Cymol, Dipenten, Phenol, Thymol
Innere Anwendung: Krampflösend, schleimlösend, verdauungsfördernd, wundheilend, sexuell anregend, Nebennieren anregend, antiseptisch.
Bei Magen- und Darminfektionen, Krämpfen, Durchfall, Bronchitis, geistiger Überarbeitung, sexueller Schwäche.
Äußere Anwendung: Waschungen und Kompressen bei schlecht heilenden Wunden, Gurgeln bei Halsschmerzen. Auf Insektenstiche getupft, verhindert es Schwellungen und Schmerzen.
Psychisch-seelische Wirkung: Bei geistiger Abgeschlagenheit und Überarbeitung hat das Bohnenkrautöl eine kräftigende und den Intellekt anregende Wirkung.
Es wirkt entspannend, aber dabei nicht einschläfernd, sondern stärkt und leitet zu neuen Taten. Ein hervorragendes Öl, um in einer scheinbar ausweglosen Situation neue Kraft zu schöpfen und doch noch eine Lösung zu finden.
Pflanzenbotschaft: «Entspann dich und vertrau
auf deine Kraft!»

Buccoblätter

Lateinischer Name: Agathosma
betulina od. Barosma
Pflanzenfamilie: Rautengewächse
Heimat: Südafrika
Gewinnung: Wasserdampfdestillation
Pflanzenteile: Blätter
Ätherischer Ölgehalt: 1,3 – 2,5 %
Nötige Pflanzenmenge für 1 kg Essenz:
40 kg Blätter

Hauptbestandteile: Buccocampher, Isomenthon, Menthon, Limonen, Pulegon

Innere Anwendung: Antiseptisch, abführend, stimulierend, verdauungsfördernd.

Äußere Anwendung: Bei Magenkrämpfen und Verdauungsbeschwerden.

Psychisch-seelische Wirkung: Buccoblätteröl hilft, wenn man seelisch in die Sackgasse geraten ist. Es durchwärmt die Seele und regt an, auch die verborgenen Seiten eines Erlebnisses wahrzunehmen.

Pflanzenbotschaft: «Alles hat (mindestens) zwei Seiten.»

Cajeput

Lateinischer Name: Melaleuca leucadendron
Pflanzenfamilie: Myrtengewächse
Heimat: Südostasiatische Inseln
Gewinnung: Wasserdampfdestillation
Pflanzenteile: Blätter
Ätherischer Ölgehalt: 1 %
Nötige Pflanzenmenge für 1 kg Essenz: 100 – 120 kg frische Blätter
Hauptbestandteile: Cineol, Pinen, Limonen, Dipenten, Terpene, Baldriansäure, Terpineol

Innere Anwendung: Antiseptisch, krampflösend, schmerzlindernd, wurmtreibend, auswurffördernd, fiebersenkend, blutstillend.
Bei Darm- und Blasenentzündungen, Bronchitis, Tuberkulose, Mund- und Halsentzündungen, Magenkrämpfen, Asthma, Menstruationsbeschwerden, Rheuma, Gicht, Epilepsie, Harnwegsinfektionen.

Äußere Anwendung: Einreibungen (verdünnt) bei Neuralgien und Rheuma, in Erkältungsbädern, auf schmerzende Zähne, bei Ohrenschmerzen auf Watte, Inhalation bei Nebenhöhlenerkrankungen, Waschungen und Kompressen bei Hautkrankheiten (z. B. Schuppenflechte, Akne…).

Psychisch-seelische Wirkung: Cajeputöl verschafft bei Verwirrung und Entscheidungslosigkeit wieder Klarheit. Durch seine fruchtige Komponente gibt es den Antrieb, die gewonnene Klarheit in die Tat umzusetzen. Ein hervorragendes Öl, wenn der Mensch aus seiner Kontinuität herausgerissen wird und sich auf Neues einstellen muß.

Pflanzenbotschaft: «Ich geb dir Klarheit und Frische!»

Calendula
(Ringelblume)

Lateinischer Name: Calendula officinalis
Pflanzenfamilie: Korbblütler
Heimat: Mittelmeerraum
Gewinnung: Extraktion mit Alkohol
Pflanzenteile: Blüten
Ätherischer Ölgehalt: 0,02 %
Nötige Pflanzenmenge für 1 kg Essenz: 5000 kg Blüten
Hauptbestandteile: Calendula Sapogenin, Oleanolsäureglykosid, Faradiol, Arnidiol/Beta-Gammacarotin, Lycopin, Rubixanthin, Violaxanthin, Saponin
Innere Anwendung: Bei Entzündungen, schlecht heilenden Wunden im Zahn- und Rachenbereich.
Äußere Anwendung: Äußerlich schlecht heilende Wunden, Entzündungen und Flechten.
Psychisch-seelische Wirkung: Calendulaöl ist *das* Öl für Menschen, deren Nerven und Seelen aufgerieben, wund und überbeansprucht sind. Es beschwichtigt, tröstet und pflegt die seelischen Wunden.
Pflanzenbotschaft: «Zeig mir deine Wunden, ich verbinde sie.»

Cananga

Lateinischer Name: Cananga odorata
Pflanzenfamilie: Magnoliengewächse
Heimat: Philippinen
Gewinnung: Wasserdampfdestillation
Pflanzenteile: Blüte
Ätherischer Ölgehalt: 1,5 %
Nötige Pflanzenmenge für 1 kg Essenz: 60 kg frische Pflanzen
Hauptbestandteile: Linalool, Geraniol, Cadinen, Pinen, Eugenol, Safrol, Farnesol, Sesquiterpen
Anwendungen und Wirkungsweise wie Ylang-Ylang-Öl, nur etwas schwächer.

Cascarilla

Lateinischer Name:
 Croton eluteria Benett
Pflanzenfamilie: Euphorbiaceae
Heimat: Westindische Inseln
Gewinnung: Wasserdampfdestillation
Pflanzenteile: Rinde
Ätherischer Ölgehalt: 1,5 – 3 %
Nötige Pflanzenmenge für 1 kg Essenz: 33 kg
Hauptbestandteile: Terpene, Sesquiterpene, Cymol, Eugenol, Cascarillsäure
Innere Anwendung: Bei Dyspepsien und anderen Verdauungsbeschwerden.
Äußere Anwendung: Zusatz zu Räuchermitteln, Tabakindustrie, Parfümherstellung.

Psychisch-seelische Wirkung: Cascarillaöl gibt ein mildes Feuer bei Antriebslosigkeit und Resignation. Es ist richtig für ängstliche und sehr vorsichtige Naturen.

Pflanzenbotschaft: «Nur Mut, du kannst es wagen.»

Cassia

Lateinischer Name:
Cinnamomum aromaticum Nees
Pflanzenfamilie: Lorbeergewächse
Heimat: Ostasien
Gewinnung: Wasserdampfdestillation
Pflanzenteile: Rinde
Ätherischer Ölgehalt: 1–2 %
Nötige Pflanzenmenge für 1 kg Essenz: 60–80 kg
Hauptbestandteile: Zimtaldehyd, Benzaldehyd, Benzoesäure, Cumarin, Salicylaldehyd, Zimtsäure
Innere Anwendung: Appetitanregend, verdauungsfördernd, blutstillend, antiseptisch, desinfizierend, pilztötend, kreislauffördernd, durchblutungsfördernd, wurmtreibend. Bei Schwächezuständen, Erkältungskrankheiten, zu starker Menstruation, Magen- und Darminfektionen, Durchfall, Unterkühlung, Muskelschmerzen, Rheuma.
Äußere Anwendung: Als Waschung oder Kompresse bei Hautparasiten, pur aufgetragen auf Bienen- und Wespenstiche, Inhalation bei Erkältungskrankheiten.
Psychisch-seelische Wirkung: Cassiaöl schenkt emotionale Wärme und Geborgenheit. Noch milder als das Zimtöl löst es die Seele aus Verhärtung und Erstarrung, wenn sich Menschen im Abseits des Lebens fühlen. Es regt Träume und Phantasien an.
Pflanzenbotschaft: «Ich geb dir Wärme, damit du dich wieder öffnen kannst!»

Cistrose

Lateinischer Name: Cistus La(b)danifer L.
Pflanzenfamilie: Cistrosengewächse
Heimat: Östlicher Mittelmeerraum
Gewinnung: Wasserdampfdestillation
Pflanzenteile: Blätter und Zweige
Ätherischer Ölgehalt: 5 %
Nötige Pflanzenmenge für 1 kg Essenz: 20 kg
Hauptbestandteile: Terpene, Phenole, Ester,
Eugenol, Ledol, Essig- und Ameisensäure

Innere Anwendung: Antiseptisch, durchwärmend, krampflösend,
menstruationsfördernd, Lymphe entstauend, adstringierend.
Bei schwer heilenden Wunden, Ekzemen, Neurodermitis, Blasenentzündung.

Äußere Anwendung: Umschläge und Waschungen bei allen erdenklichen Hauterkrankungen, zur Lymphdrainage, bei Lymphdrü-
senschwellungen. Basisstoff für Parfüme, kosmetische Cremes bei
Akne, fetter und entzündeter Haut, Bäder bei Blasenentzündungen.

Psychisch-seelische Wirkung: Bei traumatischen Erlebnissen, die
dazu geführt haben, daß der Mensch sich total abgeschlossen hat,
um nicht mehr an seine Wunden erinnert zu werden. Cistrosenöl
führt sanft und zart wieder zu diesen tiefen Verletzungen hin, damit
eine Aussöhnung möglich wird und die dunklen Geister verschwinden.

Pflanzenbotschaft: «Zeig mir deine Wunde, ich tu dir Balsam dar-
auf!»

Citronella

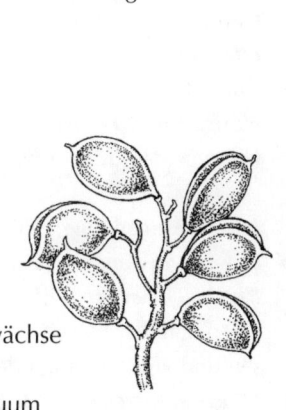

Lateinischer Name: Cymbopogon nardus
Pflanzenfamilie: Süßgräser
Heimat: Südasien
Gewinnung: Wasserdampfdestillation
Pflanzenteile: Blätter
Ätherischer Ölgehalt: 1 %
Nötige Pflanzenmenge für 1 kg Essenz: 100 kg
Hauptbestandteile: Geraniol, Citronellal, Eugenol, Citral, Dipenten, Cadinen, Limonen, Citronellol
Innere Anwendung: Anregend, erfrischend, blutreinigend, pilztötend, antibakteriell. Bei Stirnhöhlenkatarrh, Schnupfen, Kopfschmerzen, Abgeschlagenheit.
Äußere Anwendung: Kompressen zur Erfrischung und Belebung, Verdunstung bei schlechter Raumluft (Tabakrauch, Fischgeruch).
Psychisch-seelische Wirkung: Citronellaöl wirkt bei Antriebslosigkeit und Depressionen anregend und stimmungsaufhellend. Es hilft, alte Verhaltensmuster aufzugeben und sich neuen Abenteuern und Eindrücken zuzuwenden.
Pflanzenbotschaft: «Laß deine Gewohnheiten links liegen und mach mal was Verrücktes.»

Copaiva Balsam

Lateinischer Name:
Copaifera reticulata officinalis L.
Pflanzenfamilie: Schmetterlingsblütengewächse
Heimat: Südamerika, bes. Brasilien
Gewinnung: Trockene Destillation im Vakuum

Pflanzenteile: Harz
Ätherischer Ölgehalt: 40–90 %
Nötige Pflanzenmenge für 1 kg Essenz: 2 kg Harz
Hauptbestandteile: Caryophyllen, Cadinen, Sesquiterpenalkohol
Innere Anwendung: Antiseptisch, adstringierend. Bei Harnwegser-
krankungen und Bronchialerkrankungen.
Äußere Anwendung: Fixativ in der Parfümindustrie. Bei schlecht
heilenden Wunden und Hautverhärtungen.
Psychisch-seelische Wirkung: Copaiva Balsam umgibt die Seele
mit einer weichen, einhüllenden Atmosphäre, in der sie Trost, Wär-
me und Zufriedenheit erfährt. Es ist ein wunderbares Öl für streßge-
plagte Menschen.
Pflanzenbotschaft: «Ich schenk dir Wärme und Geborgenheit.»

Costuswurzel

Lateinischer Name: Saussurea lappa Clarke
Pflanzenfamilie: Korbblütler
Heimat: Himalaya
Gewinnung: Wasserdampfdestillation
Pflanzenteile: Wurzeln
Ätherischer Ölgehalt: 1 %
Nötige Pflanzenmenge für 1 kg Essenz: 100 kg
Hauptbestandteile: Costuslacton, Dihydrocostuslacton, Saussu-
realacton
Innere Anwendung: Stärkend, kräftigend, anregend.
Äußere Anwendung: Fixativ in der Parfümindustrie.
Psychisch-seelische Wirkung: Costuswurzelöl gibt Vertrauen in die
eigene Stärke. In Zeiten der Schwäche hilft es, wieder Fuß zu fas-
sen und zuversichtlich den Unbilden des Lebens zu begegnen.
Pflanzenbotschaft: «Ich glaub an dich.»

Cumin
(Kreuzkümmel)

Lateinischer Name: Cuminum Cyminum
Pflanzenfamilie: Doldenblütler
Heimat: Mittelmeerraum
Gewinnung: Wasserdampfdestillation
Pflanzenteile: Frucht
Ätherischer Ölgehalt: 3,5 %
Nötige Pflanzenmenge für 1 kg Essenz: 30 kg getrocknete Samen
Hauptbestandteile: Cuminol, Eugenol, Pinen, Phellandren, Cymol, Terpinen, Cuminal
Innere Anwendung: Appetitanregend, magenstärkend, verdauungsfördernd, krampflösend.
Bei Koliken, Magen- und Darmbeschwerden, Appetitlosigkeit.
Äußere Anwendung: Als Einreibung bei allen Koliken und Menstruationsbeschwerden.
Psychisch-seelische Wirkung: Cuminöl unterstützt uns, unsere «Lieblingssorgen und -befürchtungen» loszulassen. Oft halten wir uns an etwas Bekanntem fest, selbst wenn es sich um sehr negative Gefühle und Situationen handelt. Es hilft uns, den Geist zu lockern und zu entspannen.
Pflanzenbotschaft: «Laß los und sieh, was geschieht!»

Curcuma
(Gelbwurz)

Lateinischer Name: Curcuma longa L.
Pflanzenfamilie: Ingwergewächse
Heimat: Südostasien
Gewinnung: Wasserdampfdestillation
Pflanzenteile: Wurzeln
Ätherischer Ölgehalt: 5,8 %
Nötige Pflanzenmenge für 1 kg Essenz: 40 kg
Hauptbestandteile: Zingiberen, Sesquiterpenalkohole, Curcumin, Turmeron
Innere Anwendung: Antibakteriell, durchwärmend, anregend, verdauungsfördernd.
Äußere Anwendung: Als Gewürz. Bei Verspannungen, Verkrampfungen und mangelnder Durchblutung.
Psychisch-seelische Wirkung: Curcumaöl hilft, seelische Erstarrung wie Geiz, Neid und Eifersucht zu lösen. Es bricht das seelische Eis und schafft wieder Raum für positive Impulse.
Pflanzenbotschaft: «Mach das Fenster auf, die Sonne scheint.»

Davana

Lateinischer Name: Artemisia pallens
Pflanzenfamilie: Korbblütler
Heimat: Indien
Gewinnung: Wasserdampfdestillation
Pflanzenteile: Kraut
Ätherischer Ölgehalt: 0,2 – 0,5 %
Nötige Pflanzenmenge für 1 kg Essenz: 200 kg

Hauptbestandteile: Absinthol, Phellandren, Cadinen, Cineol, Pinen
Innere Anwendung: Entspannend, beruhigend. Bei Nervosität und Schwächezuständen.
Äußere Anwendung: Bei Durchblutungsstörungen und Menstruationsbeschwerden.
Psychisch-seelische Wirkung: Davanaöl wirkt entspannend und beruhigend auf das gesamte Nervensystem, es durchwärmt und öffnet das Herz. Bei seelischen Schwächezuständen gibt es Halt und Zuversicht.
Pflanzenbotschaft: «Laß die Vergangenheit und geh voran.»

Dill

Lateinischer Name: Anethum graveolens
Pflanzenfamilie: Doldenblütler
Heimat: Mittelmeerraum
Gewinnung: Wasserdampfdestillation
Pflanzenteile: Samen, Kraut
Ätherischer Ölgehalt: 4%
Nötige Pflanzenmenge für 1 kg Essenz: 25 kg getrocknete Samen
Hauptbestandteile: Carvon, Limonen, Phellandren, Terpinen, Myristicin, Vitamin A und C
Innere Anwendung: Antiseptisch, krampflösend, blähungstreibend, verdauungsfördernd, erwärmend, schleimlösend, milchbildend. Bei Koliken, Verdauungsbeschwerden, Blähungen, Magen- und Darmerkrankungen.
Äußere Anwendung: Ideales Massageöl für Kinder bei Blähungen und Koliken.
Psychisch-seelische Wirkung: Das Dillöl ist eines der mildesten Anregungsmittel für die seelische Verdauung. Geeignet für zarte, empfindsame Menschen, bei denen ein starkes Stocken im Ener-

giefluß eingetreten ist. Auf fast unmerkliche Art und Weise hilft das Öl beim Überwinden dieser Blockade.

Pflanzenbotschaft: «Ganz sacht und zart bring ich's ins Fließen!»

Edeltanne

Lateinischer Name: Abies alba
Pflanzenfamilie: Kieferngewächse
Heimat: Mitteleuropa, Nordamerika
Gewinnung: Wasserdampfdestillation
Pflanzenteile: Nadeln, Zapfen
Ätherischer Ölgehalt: 0,5 %
Nötige Pflanzenmenge für 1 kg Essenz: 200 kg
Hauptbestandteile: Bornylacetat, Pinen, Limonen, Santen
Innere Anwendung: Hustenstillend, durchblutungsfördernd, antiseptisch, kräftigend, schleimlösend, schweißtreibend, antirheumatisch, desinfizierend.
Bei Erkrankungen der Atemwege, Erkältung, Rheuma, Leberbeschwerden.
Äußere Anwendung: Einreibemittel bei rheumatischen Beschwerden, Zusatz für Erkältungs- und Rheumabäder, Verdampfung bei Erschöpfungszuständen, in Brustbalsamen.
Psychisch-seelische Wirkung: Wenn man sich vergebens alle erdenkliche Mühe gegeben hat und jetzt, erschöpft, immer noch fernab des Zieles, nicht mehr weiter kann, schenkt das Edeltannenöl einen tiefen, entspannenden Seufzer. Es regeneriert und kräftigt, läßt vielleicht auch erkennen, daß man einem Phantom nachgejagt hat.
Pflanzenbotschaft: «Mach dich doch nicht so verrückt!»

Eichenmoos

Lateinischer Name: Evernia prunastri
Pflanzenfamilie: Usneaceae
Heimat: Mittel- und Südeuropa, Marokko
Gewinnung: Alkoholextraktion
Pflanzenteile: Das Moos der Eichenstämme und -äste.
Ätherischer Ölgehalt: 2–4 % als Concrète
Nötige Pflanzenmenge für 1 kg Essenz: 50 kg Moos
Hauptbestandteile: Evernsäure, Usninsäure, Atranorin, Chloratranorin
Innere Anwendung: Nicht bekannt.
Äußere Anwendung: Fixativ in der Parfümindustrie.
Psychisch-seelische Wirkung: Moosöl wirkt aufnehmend und einbettend. Wenn man sich entwurzelt und aufgelöst fühlt, harmonisiert es und führt zu den Wurzeln zurück, zum Wohlfühlen und Geborgensein.
Pflanzenbotschaft: «Laß dich fallen, ich bin da!»

Elemi

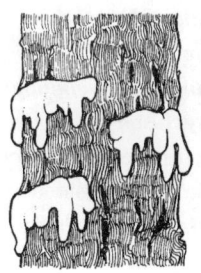

Lateinischer Name: Canarium luzonicum
Pflanzenfamilie: Burseraceae
Heimat: Trop. Asien, bes. Philippinen
Gewinnung: Wasserdampfdestillation
Pflanzenteile: Rinde und Harz
Ätherischer Ölgehalt: 20–30 %
Nötige Pflanzenmenge für 1 kg Essenz: 5 kg
Hauptbestandteile: Dipenten, Elemicin, Elemol, d-Limonen
Innere Anwendung: Bei Bronchitis und Atemwegsinfektionen.

Äußere Anwendung: Zur Wundheilung, die Narbenbildung fördernd, antiseptisch, schleimlösend. Bei Hauterkrankungen. Kosmetische Industrie.

Psychisch-seelische Wirkung: Elemiöl wirkt stärkend und ausgleichend. Es unterstützt die innere Sammlung und Hinwendung zum Eigentlichen. Besonders geeignet zur Verdampfung in der Aromalampe beim Meditieren.

Pflanzenbotschaft: «In dir liegt das Himmelreich.»

Enzian

Lateinischer Name: Gentiana lutea
Pflanzenfamilie: Gentianaceae
Heimat: Gebirge Europas
Gewinnung: Alkoholauszug
Pflanzenteile: Wurzeln
Ätherischer Ölgehalt: 0,5 %
Nötige Pflanzenmenge für 1 kg Essenz: 200 kg
Hauptbestandteile: Gentiopicrin, Amarogentin, Gentiopicrosid, Isogentisin
Innere Anwendung: Bei Verdauungsschwäche, Leber- und Gallenstörungen.
Äußere Anwendung: Nicht bekannt.
Psychisch-seelische Wirkung: Enzianöl schenkt Mut, auch in aussichtslosen Situationen nicht aufzugeben. Es stärkt die Nerven und stimmt zuversichtlich.
Pflanzenbotschaft: «Stell dich den Problemen und du wirst wachsen.»

Estragon

Lateinischer Name: Artemisia dracunculus
Pflanzenfamilie: Korbblütler
Heimat: Östlicher Mittelmeerraum, Vorderasien
Gewinnung: Wasserdampfdestillation
Pflanzenteile: Kraut
Ätherischer Ölgehalt: 0,5 %
Nötige Pflanzenmenge für 1 kg Essenz: 200 kg getrocknetes Kraut
Hauptbestandteile: Estragol, Ocimen, Phellandren, Terpene
Innere Anwendung: Appetitanregend, verdauungsfördernd, krampflösend, antiseptisch, wurmtreibend, menstruationsfördernd, herzstärkend, durchblutungsfördernd.
Bei Magenbeschwerden, Schluckauf, Blähungen, langsamer Verdauung, Darmparasiten, Schwächezuständen, Rheuma.
Äußere Anwendung: Einreibung bei rheumatischen Beschwerden, Einreibung bei Hautparasiten.
Psychisch-seelische Wirkung: Bei Nervenschwäche und geringer seelischer Belastbarkeit wirkt Estragonöl stärkend und aufbauend. Wenn man sich durch übermäßiges Zweifeln in eine Situation der Antriebslosigkeit gebracht hat, hilft es, den Mut zur Entscheidung wiederzufinden. Es steigert die psychische Widerstandskraft.
Pflanzenbotschaft: «Ich geb dir Kraft zum Handeln.»

Eukalyptus

Lateinischer Name: Eucalyptus globulus
Pflanzenfamilie: Myrtengewächse
Heimat: Australien
Gewinnung: Wasserdampfdestillation
Pflanzenteile: Blätter und Zweige
Ätherischer Ölgehalt: 2 %
Nötige Pflanzenmenge für 1 kg Essenz: 50 kg getrocknete Blätter
Hauptbestandteile: Cineol, Camphen, Fenchen, Pinen, Terpineol
Innere Anwendung: Keimtötend, fiebersenkend, auswurffördernd, schmerzstillend, harntreibend, blutzuckersenkend, krampflösend, konzentrationsfördernd.
Bei Asthma, Bronchitis, Erkältung, Fieber, Harnwegsinfekten, Diabetes, Rheuma, Tuberkulose, Blasen- und Niereninfekten.
Äußere Anwendung: Gurgelmittel bei Rachen- und Mandelentzündung, Wadenwickel bei hohem Fieber. Waschungen oder Auflagen bei schlecht heilenden Wunden. Einreibemittel bei rheumatischen Erkrankungen. Verdunstung zur Insektenabwehr. Verdunstung bei beginnender Erkältung.
Psychisch-seelische Wirkung: Eukalyptusöl steigert die Konzentrationsfähigkeit und unterstützt das logische Denken. Beruhigt cholerische Naturen. Für Menschen, bei denen die Seele von dichtem Nebel umgeben ist und kein klarer Gedanke mehr möglich erscheint. Eukalyptusöl verscheucht die Nebel und gibt klare Sicht zum Erkennen der Zusammenhänge und Lebensgesetze.
Pflanzenbotschaft: «Ich öffne dir die Augen!»
Gegenanzeigen: Überdosierung wirkt toxisch.

Fenchel, süß

Lateinischer Name: Foeniculum vulgare
Pflanzenfamilie: Doldenblütler
Heimat: Mittelmeerraum, Vorderasien
Gewinnung: Wasserdampfdestillation
Pflanzenteile: Früchte
Ätherischer Ölgehalt: 5 %
Nötige Pflanzenmenge für 1 kg Essenz: 20 kg getrocknete Samenfrüchte
Hauptbestandteile: Pinen, Camphen, Myrcen, Phellandren, Terpinen, Limonen, Ocimen, Fenchen
Innere Anwendung: Appetitanregend, verdauungsfördernd, harntreibend, menstruationsfördernd, milchbildend, schleimlösend, krampflösend, abführend, wurmtreibend, antibakteriell
Bei Verdauungsbeschwerden, Koliken, Blähungen, Erkältungen, Menstruationsbeschwerden, Husten, Verstopfung, Schluckauf, Harnsteinen, Gicht, Lungenerkrankungen, Darmparasiten.
Äußere Anwendung: Gurgelwasser bei Halsentzündungen, zur Hautpflege bei fettiger, unreiner Haut, Fenchelwasser bei Augenleiden, Einreibungen und Kompressen bei Koliken und Magenkrämpfen.
Psychisch-seelische Wirkung: Fenchelöl hilft beim Einordnen und Verarbeiten von Gefühlen und verleiht innere Stabilität und größere Klarheit. Es schenkt das Gefühl von mütterlicher Umsorgtheit, Geborgenheit und Heimat. Hervorragend bei Einsamkeitsgefühlen und seelischer Erstarrung.
Pflanzenbotschaft: «Komm her und laß dich trösten!»
Gegenanzeigen: Überdosierung wirkt toxisch. Epilepsiegefährdete Menschen sollten dieses Öl nicht verwenden!

Fichte

Lateinischer Name: Picea abies
Pflanzenfamilie: Nadelhölzer
Heimat: Gemäßigte nördliche Breiten
Gewinnung: Wasserdampfdestillation
Pflanzenteile: Nadeln
Ätherischer Ölgehalt: 0,2 %
Nötige Pflanzenmenge für 1 kg Essenz: 500 kg Nadeln
Hauptbestandteile: Bornylacetat, Pinen, Phellandren, Dipenten, Cadinen, Santen
Innere Anwendung: Antiseptisch, tonisierend, schweißhemmend, beruhigend, kräftigend, Nebennieren anregend, auswurffördernd. Bei Leberbeschwerden, Harnwegsinfekten, Bronchitis, Asthma, Lungenentzündung, Grippe, Gallenblasenentzündung, Nierensteinen, Rachitis.
Äußere Anwendung: Rheuma- und Erkältungsbäder, Fußbäder bei zu starkem Fußschweiß, Inhalation bei Lungenerkrankungen, Erkältungen, Stirnhöhlenkatarrh, Einreibung bei rheumatischen Beschwerden.
Psychisch-seelische Wirkung: Bei Verlassenheits- und Einsamkeitsgefühlen ist Fichtennadelöl Balsam für die Seele. Es tröstet und stärkt, gibt den nötigen Halt, wieder mit beiden Beinen im Leben zu stehen und auch einmal stürmische Zeiten unbeschadet zu überstehen.
Pflanzenbotschaft: «Ich zeig dir deine Kraft und Stärke!»

Galbanum

Lateinischer Name: Ferula gummosa Boiss.
Pflanzenfamilie: Doldenblütler
Heimat: Vorderasien bis Afghanistan
Gewinnung: Wasserdampfdestillation
Pflanzenteile: Harz
Ätherischer Ölgehalt: 10 %
Nötige Pflanzenmenge für 1 kg Essenz: 10 kg Harz
Hauptbestandteile: Galbaresensäure, Galbansäure, Cadinen, Pinen
Innere Anwendung: Beruhigend, ausgleichend, menstruationsfördernd, durchblutungsfördernd, antiseptisch.
Bei Rheuma, mangelnder Menstruation, Verspannungen.
Äußere Anwendung: Waschungen und Kompressen bei Abszessen, Furunkeln, schlecht heilenden Wunden und Akne, Einreibungen bei rheumatischen Beschwerden.
Psychisch-seelische Wirkung: Auf Menschen, die unter sehr starker Anspannung stehen und leicht reizbar sind, wirkt dieses Öl ausgleichend und beruhigend. Es kann helfen, seelische Verhärtungen zu erweichen und eine milde, entspannte Haltung zu erzeugen.
Pflanzenbotschaft: «Beruhig dich und hol erst mal Luft!»

Galgant

Lateinischer Name: Alpinia galanga (L.) Willd.
Pflanzenfamilie: Ingwergewächse
Heimat: Südchina
Gewinnung: Wasserdampfdestillation
Pflanzenteile: Wurzeln
Ätherischer Ölgehalt: 1 %

Nötige Pflanzenmenge für 1 kg Essenz: 100 kg getrocknete Wurzeln

Hauptbestandteile: Eugenol, Eucalyptol, Pinen, Terpene, Cineol, Cadinen

Innere Anwendung: Tonisierend, stimulierend, verdauungsfördernd, Drüsentätigkeit anregend, durchwärmend, entschlackend, appetitanregend.

Bei Magen- und Darmbeschwerden, Menstruationsbeschwerden, Ohnmachts- und Schwindelgefühl.

Äußere Anwendung: Massageöl zur Kräftigung und Anregung der Hautfunktion.

Psychisch-seelische Wirkung: Galgantöl stärkt das Selbstvertrauen und führt zu den eigenen Wurzeln, zur Mitte. Es durchwärmt die Seele und hilft, alte Schlacken und Ablagerungen aufzulösen. Gut geeignet zur Unterstützung von psychotherapeutischen Prozessen.

Pflanzenbotschaft: «Du kannst vertrauen!»

Geranium

Lateinischer Name: Pelargonium, nur Hybriden liefern Öl

Pflanzenfamilie: Storchschnabelgewächse

Heimat: Südliches tropisches Afrika

Gewinnung: Wasserdampfdestillation

Pflanzenteile: Blätter, grüne Sprossen

Ätherischer Ölgehalt: 0,2 %

Nötige Pflanzenmenge für 1 kg Essenz: 500 kg frische Pflanzen

Hauptbestandteile: Geraniol, Citronellol, Linalool, Pinen

Innere Anwendung: Stärkend, schmerzlindernd, zusammenziehend, wundheilend, blutstillend, antiseptisch, Nebennieren anregend. Bei Schwächezuständen, Diabetes, Magen- und Darmentzündungen, Darmparasiten.

Äußere Anwendung: Waschungen und Auflagen bei Wunden und Verbrennungen, Gurgelwasser bei Mundschleimhautentzündungen und Angina, zur Hautpflege bei Akne und trockenen Ekzemen, Einreibung bei Hautparasiten, Hautpflegeprodukte für trockene, alternde Haut.

Psychisch-seelische Wirkung: Geraniumöl beruhigt und entspannt bei starken emotionalen Belastungen. Es ist ein ausgezeichnetes Mittel gegen Depressionen! Es stellt das innere Gleichgewicht wieder her, vertreibt schlechte Gedanken und unfreundliche Stimmungen und öffnet die Augen für die schönen Seiten des Lebens.

Pflanzenbotschaft: «Du brauchst nichts zu tun, laß dich verwöhnen!»

Gingergrass

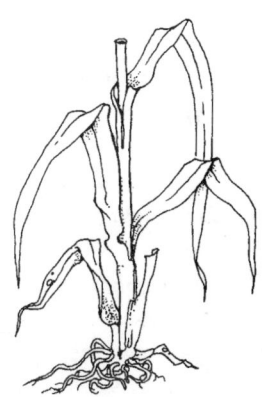

Lateinischer Name: Cymbopogon martini
Pflanzenfamilie: Gräser
Heimat: Indien
Gewinnung: Wasserdampfdestillation
Pflanzenteile: Gras
Ätherischer Ölgehalt: 0,2 %
Nötige Pflanzenmenge für 1 kg Essenz: 500 kg frisches Gras
Hauptbestandteile: Terpene, Geraniol, Dihydrocuminalkohol, Perillaalkohol
Innere Anwendung: Entspannend, beruhigend, krampflösend.
Äußere Anwendung: Schutz gegen Moskitos, Einreibung bei Rheuma und Muskelverspannungen. Parfüm- und Seifenindustrie.
Psychisch-seelische Wirkung: Gingergrassöl wirkt ausgleichend und beruhigend, hilft, den Streß des Tages abzubauen und wieder das innere Gleichgewicht zu spüren.
Pflanzenbotschaft: «Nimm das Leben nicht so schwer.»

Ginster

Lateinischer Name: Spartium junceum
Pflanzenfamilie: Hülsenfrüchte
Heimat: Mittelmeerraum
Gewinnung: Alkoholextraktion
Pflanzenteile: Blüten
Ätherischer Ölgehalt: 0,2 %
Nötige Pflanzenmenge für 1 kg Essenz:
500 kg frische Blüten
Hauptbestandteile: Cytisin, Spartein, Orientin, Scoparin, Amyrin
Innere Anwendung: Abführend, menstruationsfördernd, uteruswirksam. Bei Menstruationsbeschwerden.
Äußere Anwendung: Als Parfümkomponente.
Psychisch-seelische Wirkung: Ginsteröl wirkt stark stimmungsaufhellend. Durch seine Süße und gleichzeitig ganz leicht herbe Ausstrahlung wirkt es entspannend, aber ohne zu ermüden. Es muntert auf und kräftigt und gibt neue Antriebskraft, es sich gutgehen zu lassen.
Pflanzenbotschaft: «Das Leben wartet auf dich, greif zu!»

Goldrute

Lateinischer Name: Solidago odora
Pflanzenfamilie: Korbblütler
Heimat: Europa
Gewinnung: Wasserdampfdestillation
Pflanzenteile: Kraut
Ätherischer Ölgehalt: 0,5 %
Nötige Pflanzenmenge für 1 kg Essenz: 200 kg

Hauptbestandteile: Gerbstoffe, Bitterstoffe, Saponine, Flavonoide, Estragol, Quercetin-Glykoside

Innere Anwendung: Blasen- und Nierenentzündungen, Leberleiden.

Äußere Anwendung: Hautentzündungen, eiternde Wunden.

Psychisch-seelische Wirkung: Goldrutenöl ist eine Einladung, mit dem Fluß des Lebens zu fließen. Es hilft Menschen, die sich stur und starr dem Leben verweigern, loszulassen und zu spüren, wie schön es ist, auf den Wogen des Lebens zu schaukeln.

Pflanzenbotschaft: «Das Leben ist dein Freund.»

Guajakholz

Lateinischer Name: Bulnesia sarmienti
Pflanzenfamilie: Jochblattgewächse
Heimat: Süd- und Mittelamerika
Gewinnung: Wasserdampfdestillation
Pflanzenteile: Rinde und Holz
Ätherischer Ölgehalt: 5 %
Nötige Pflanzenmenge für 1 kg Essenz: 20 kg
Hauptbestandteile: Guajol, Bulnesol, Bulnesen, Patchoulin
Innere Anwendung: Antiseptisch, balsamisch, blutreinigend, antirheumatisch, harntreibend, schweißtreibend, anregend für Niere und Leber. Bei Harnwegsinfekten, Nierenträgheit, Rheuma.

Äußere Anwendung: Einreibung bei Rheuma, Kompressen und Umschläge bei schlecht heilenden Wunden.

Psychisch-seelische Wirkung: Guajakholzöl dämpft und besänftigt jähzornige und aufbrausende Naturen. Es wirkt als zusätzliche Schutzschicht für dünnhäutige, ängstliche Menschen.

Pflanzenbotschaft: «Komm her, ich schütze dich!»

49

Gurjunbalsam

Lateinischer Name: Dipterocarpus costatus
Pflanzenfamilie: Dipterocarpaceae
Heimat: Ostasien
Gewinnung: Wasserdampfdestillation
Pflanzenteile: Harz
Ätherischer Ölgehalt: 60 %
Nötige Pflanzenmenge für 1 kg Essenz: 16 kg Harz
Hauptbestandteile: Gurjunen, allo-Aromadendren, Sesquiterpene
Innere Anwendung: Leprosis.
Äußere Anwendung: Schlecht heilende Wunden, Ekzeme, Geschwüre.
Psychisch-seelische Wirkung: Gurjunbalsamöl ist das Öl für die «Stehaufmännchen». Wenn wir Fehler machen und immer wieder scheitern, hilft es uns auf die Beine, bis wir endlich richtig das Laufen gelernt haben.
Pflanzenbotschaft: «Steh auf und versuch es noch einmal.»

Honig

Gesammelt: Von der Apis mellifica
Heimat: Auf der ganzen Welt
Gewinnung: Auszug durch Alkohol aus den Waben
Ätherischer Ölgehalt: 2 %
Nötige Menge für 1 kg Essenz: 50 kg
Hauptbestandteile: Heptakosan, Hentricontan, Pentakosan, Nonakosan
Innere Anwendung: Beruhigend, harmonisierend, balsamisch.

Bei Nervosität, Schlafstörungen, Unterkühlung, Allergien.

Äußere Anwendung: Auflagen bei schlecht heilenden Wunden und irritierter Haut, balsamisches Entspannungsbad, hautpflegende, beruhigende Kosmetikprodukte.

Psychisch-seelische Wirkung: Honigöl schenkt emotionale Geborgenheit, macht mild und empfänglich. Es beschwichtigt Wutausbrüche, mildert seelische Schmerzen und stärkt das Verbundenheitsgefühl mit der gesamten Existenz. Es ist Seelenbalsam schlechthin.

Pflanzenbotschaft: «Zeig mir deine Wunden, ich heil sie dir!»

Hopfen

Lateinischer Name: Humulus lupulus
Pflanzenfamilie: Hanfgewächse
Heimat: Osteuropa
Gewinnung: Wasserdampfdestillation
Pflanzenteile: Blütendolden
Ätherischer Ölgehalt: 1 %
Nötige Pflanzenmenge für 1 kg Essenz: 100 kg frische Blütendolden
Hauptbestandteile: Humulen, Myrcen, Geraniol, Linalool, Farnesen, Caryophyllen
Innere Anwendung: Schlaffördernd, magen- und nervenberuhigend, leicht betäubend, verdauungsfördernd.
Bei Verdauungsbeschwerden, sexueller Übererregbarkeit, Schlaflosigkeit, Nervosität, Kopfschmerzen.
Äußere Anwendung: Auflagen bei eiternden, schwer heilenden Wunden, Inhalation bei Migräne, Massageöl bei Menstruationsbeschwerden.
Psychisch-seelische Wirkung: Hopfenöl hilft beim Loslassen von schlimmen schmerzhaften Erfahrungen. Es hat eine leicht betäu-

bende Wirkung, die es ermöglicht, den Schmerz «zu vergessen» und aus der Distanz alles einmal mit anderen Augen anzuschauen. Gut für Menschen, die sich an ihre Wunden und Verletzungen klammern und diese immer wieder aufkratzen. Für Menschen, die sich Fehler nicht verzeihen können.

Pflanzenbotschaft: «Hör auf, dich zu bestrafen, du kannst dir alles verzeihen!»

Gegenanzeigen: Kann Menstruationsstörungen verursachen.

Hyazinthe

Lateinischer Name:
Hyacinthus orientalis
Pflanzenfamilie: Liliengewächse
Heimat: Vorderasien
Gewinnung: Auszug durch Alkohol
Pflanzenteile: Blüte
Ätherischer Ölgehalt: 0,02 %
Nötige Pflanzenmenge für 1 kg Essenz: 5000 kg frische Blüten
Hauptbestandteile: Benzylbenzoat, Benzylalkohol, Zimtalkohol
Innere Anwendung: Aphrodisisch, entspannend, beruhigend, narkotisierend.
Bei Nervosität, Abgespanntsein, Überaktivität, Frigidität.
Äußere Anwendung: Zugabe zu aphrodisischen Körper- und Badeölen. Verdunstung bei Depressionen.
Psychisch-seelische Wirkung: Der schwere, süße Duft des Hyazinthenöles stimmt sinnlich, macht weich und empfänglich für alle erdenklichen Sinneseindrücke. Es entführt in ein Märchen aus 1001 Nacht, in üppige Paläste mit köstlichen Speisen und Getränken, mit prächtig gekleideten, schönen Menschen. Für alle Menschen, die sich zu wenig gönnen, die seelisch verkümmern und

immer zu kurz kommen. Eine Einladung zum Sinnesgenuß, zu Fülle und Reichtum.

Pflanzenbotschaft: «Gib dich hin, laß dich verführen!»

Immortelle

Lateinischer Name:
Helichrysum angustifolium
Pflanzenfamilie: Korbblütler
Heimat: Mittel- und Osteuropa
Gewinnung: Auszug mit Alkohol
Pflanzenteile: Kraut und Blüte
Ätherischer Ölgehalt: 0,1 %
Nötige Pflanzenmenge für 1 kg Essenz: 1000 kg
Hauptbestandteile: Nerol, Pinen, Amyrin, Uvaol
Innere Anwendung: Blutreinigend, drüsenanregend, Giftstoffe ausscheidend, Lymphfluß anregend, entzündungshemmend, verdauungsfördernd, schleimlösend, menstruationsfördernd, krampflösend.
Bei Magen- und Darmentzündung, Leberschwäche, Diabetes, Menstruationsbeschwerden, Erkältung, Bronchitis, Husten.
Äußere Anwendung: Behandlung von verschiedenen Hauterkrankungen durch Auflagen und Waschungen, Massageöl zur Lymphdrainage.
Psychisch-seelische Wirkung: Immortellenöl ist bestens geeignet für Menschen, die in den Wolken schweben und zu wenig Kontakt zur Erde, zu ihren Wurzeln, haben. Es führt nach innen und erleichtert die «Arbeit» an Problemen und neuen Situationen. Es wärmt und schenkt innere Ruhe und Harmonie.
Pflanzenbotschaft: «Ich wärme dich und geb dir Kraft, dich deiner inneren Realität zu stellen!»

Ingwer

Lateinischer Name:
Zingiber officinale
Pflanzenfamilie:
Ingwergewächse
Heimat: Südostasien
Gewinnung:
Wasserdampfdestillation
Pflanzenteile: Wurzel
Ätherischer Ölgehalt: 2 %
Nötige Pflanzenmenge für 1 kg Essenz: 50 kg
Hauptbestandteile: Zingiberen, Zingiberol, Cineol, Borneol, Citral, Phellandren, Camphen
Innere Anwendung: Antiseptisch, durchwärmend, verdauungsfördernd, wurmtreibend, blutdrucksteigernd, fiebersenkend.
Bei Erkältungen, Rheuma, Kopfschmerzen, Verspannungen, Koliken, Blähungen, Gastritis, Appetitlosigkeit, Impotenz.
Äußere Anwendung: Verdampfung zur Vorbeugung ansteckender Krankheiten, Gurgeln bei Angina, Einreibung bei Rheuma und schlechter Durchblutung.
Psychisch-seelische Wirkung: Ingweröl löst ganz massiv und direkt Erstarrungen und Verhärtungen auf. Es hilft unserer Energie, die bestehenden Blockaden zu überwinden und wieder frei zu fließen.
Für alle Menschen, die allzu hart mit sich selbst und anderen umgehen, die zu diszipliniert leben. Es mobilisiert ganz stark die Willens- und Entscheidungskräfte.
Pflanzenbotschaft: «Ich mach dir Feuer unter dem Hintern!»

Iris
(Veilchenwurzel)

Lateinischer Name:
Iris florentina, Iris pallida,
Iris geranica
Pflanzenfamilie:
Schwertliliengewächse
Heimat: Mittel- und Südeuropa
Gewinnung: Wasserdampfdestillation
Pflanzenteile: Wurzeln
Ätherischer Ölgehalt: 0,1 %
Nötige Pflanzenmenge für 1 kg Essenz: 1000 kg getrocknete
Wurzeln
Hauptbestandteile: Myristinsäure, Iron, Furfurol, Benzaldehyd,
Terpene
Innere Anwendung: Antiseptisch, hustenlindernd, harntreibend,
auswurffördernd, abführend, blutreinigend.
Bei Bronchialkatarrh, Husten.
Äußere Anwendung: Hautpflegend und -reinigend in Kosmetikpro-
dukten, edler Parfümgrundstoff.
Psychisch-seelische Wirkung: Irisöl wirkt wärmend, einhüllend und
harmonisierend auf die Seele, bietet Zuflucht und Geborgenheit für
Menschen mit ganz dünner Haut und zarten Nerven. Eine feine
schützende Hülle hält die störenden äußeren Einflüsse fern und
schafft einen inneren Raum für Träume und Phantasiereisen.
Pflanzenbotschaft: «Komm herein ins Traumland deiner
Phantasie!»

Jasmin

Lateinischer Name:
Jasminum grandiflorum L.,
auch Jasminum sambac
Pflanzenfamilie: Jasmingewächse
Heimat: Mittelmeerländer, Indien
Gewinnung: Extraktion mit Alkohol
Pflanzenteile: Blüten
Ätherischer Ölgehalt: 0,1 %
Nötige Pflanzenmenge für 1 kg Essenz: 1000 kg frische Blüten
Hauptbestandteile: Benzylacetat, Linalylacetat, Linalool, Benzylalkohol, Indol, Jasmon
Innere Anwendung: Krampflösend, milchbildend, menstruationsfördernd, geburtsfördernd, antiseptisch, schmerzstillend, aphrodisisch.
Bei Erkrankungen der Gebärmutter, Schlaflosigkeit, Heiserkeit, Impotenz.
Äußere Anwendung: Massageöl bei der Geburtsvorbereitung, aphrodisisches Körper- und Badeöl, Einreibung bei allen erdenklichen Hauterkrankungen, schmerzlindernde Kompresse, Verdunstung bei Depressionen, Parfümbestandteil.
Psychisch-seelische Wirkung: Jasminöl ist der Schlüssel zum Paradies. Und das Paradies ist hier und jetzt. Es hat die süße Schwere des Vergessens und Auflösens, die Hingabe an das, was ist, ohne irgendwelche Bedingungen. Der Duft zaubert eine nie endende Fülle, aus der heraus Geben und Nehmen eins ist. Es ist so viel da, daß Teilen große Freude macht. Jasminöl ist Sinnlichkeit schlechthin.
Pflanzenbotschaft: «Laß dich fallen, gib dich hin!»

Johanniskraut

Lateinischer Name: Hypericum perforatum L.
Pflanzenfamilie: Hartheugewächse
Heimat: Eurasien, Nordafrika
Gewinnung: Wasserdampfdestillation
Pflanzenteile: Kraut
Ätherischer Ölgehalt: 0,1 %
Nötige Pflanzenmenge für 1 kg Essenz: 1000 kg
Hauptbestandteile: Gerbstoffe, alpha-Pinen,
Sesquiterpene, Hyperin
Innere Anwendung: Gegen Durchfall, Ruhr, Nieren-
und Gallenstörungen, Schlaflosigkeit, Blasenentzündung.
Äußere Anwendung: Äußerliche Wunden und Quetschungen,
Rheuma, Gicht, Hämorrhoiden, Nervenschmerzen.
Psychisch-seelische Wirkung: Johanniskrautöl ist ein «Erste-Hilfe-
Öl» bei seelischen Schocks und Situationen, denen man sich nicht
gewachsen fühlt. Abrupte Verluste und Trennungen, tiefe Ängste
und unlösbare Probleme werden gemildert.
Pflanzenbotschaft: «Was auch passiert, das Leben geht weiter.»

Kalmus

Lateinischer Name: Acorus calamus
Pflanzenfamilie: Aronstabgewächse
Heimat:
Gemäßigte bis subtropische nördliche Breiten
Gewinnung: Wasserdampfdestillation
Pflanzenteile: Wurzeln
Ätherischer Ölgehalt: 2 %

Nötige Pflanzenmenge für 1 kg Essenz: 50 kg getrocknete Wurzeln
Hauptbestandteile: Pinen, Camphen, Campher, Eugenol, Asaron, Asarylaldehyd
Innere Anwendung: Magenstärkend, krampflösend, stimulierend, kräftigend, durchwärmend, antiseptisch, appetitanregend, stoffwechselfördernd.
Bei Schleimhautentzündungen, Magen- und Darmerkrankungen.
Äußere Anwendung: Gurgeln bei Zahnfleischentzündungen, Rheumabäder.
Psychisch-seelische Wirkung: Kalmusöl hat eine stärkende und aufbauende Wirkung. Bei psychischen Schwächezuständen, Überforderung und Überdruß mobilisiert es neue Kräfte und steigert den Mut, wieder neue Erfahrungen zuzulassen, auch auf die Gefahr hin, daß sie auch neue Verletzungen mit sich bringen. Ein Öl für den «Wiederaufbau» nach seelischen Krisen.
Pflanzenbotschaft: «Steh wieder auf und versuch es noch mal!»

Kamille

Lateinischer Name:
Matricaria Chamomilla
Pflanzenfamilie: Korbblütler
Heimat:
Süd- u. Osteuropa, Vorderasien
Gewinnung: Wasserdampfdestillation
Pflanzenteile: Blüten
Ätherischer Ölgehalt: 0,5 %
Nötige Pflanzenmenge für 1 kg Essenz: 200 kg frische Blüten
Hauptbestandteile: Bisabolol, Chamazulen, Farnesen, Cadinen, Myrcen, Matricarianol, Cumarin, Flavon, Cholin
Innere Anwendung: Entzündungshemmend, schmerzstillend,

krampflösend, beruhigend, schweißtreibend, stärkend, fiebersenkend, wundheilend, verdauungsfördernd, Gallenfluß fördernd, wurmtreibend, menstruationsfördernd.

Bei Migräne, Magen- und Darmentzündung, Leber- und Gallenbeschwerden, Schlaflosigkeit, Husten und Heiserkeit, Menstruationsbeschwerden, Gebärmuttererkrankungen, Blutarmut, Leber- und Milzschwellungen, Kopfschmerzen.

Äußere Anwendung: Waschungen und Kompressen bei Hauterkrankungen und Allergien, Behandlung von Akne und entzündeter Haut, Dampfbäder bei Schnupfen und Nebenhöhlenentzündungen, Gurgelmittel bei Heiserkeit, Scheidenspülungen.

Psychisch-seelische Wirkung: Kamillenöl hilft, Unzufriedenheit, Schmerz und Ärger loszuwerden. Wer oft reizbar, nervös und streitsüchtig ist, erfährt durch die Kamille Besänftigung und Milderung, Harmonie und Toleranz können wieder aufleben. Es vermittelt das Gefühl von Geborgenheit und mütterlicher Zuwendung und ermöglicht die gründliche Verdauung unserer Erfahrungen.

Pflanzenbotschaft: «Worunter du auch leidest und wer du auch seist, ich tröste dich!»

Kamille römisch

Lateinischer Name: Anthemis nobilis
Pflanzenfamilie: Korbblütler
Heimat: Südeuropa
Gewinnung: Wasserdampfdestillation
Pflanzenteile: Blüten
Ätherischer Ölgehalt: 1 %
Nötige Pflanzenmenge für 1 kg Essenz: 100 kg frische Blüten
Hauptbestandteile: Guajanolide, Angelicasäure, Tiolinsäure, Anthemen, Anthemol, Cuminaldehyd

Innere Anwendung: Krampflösend, antiseptisch, schmerzlindernd. Bei Magenkrämpfen, Keuchhusten, Verspannungen.

Äußere Anwendung: Entspannende Bäder bei Menstruationsbeschwerden, Massageöl bei allen Arten von Verspannungen, Kompressen bei Koliken, Ohrenschmerzen und Halsentzündungen, Mund- und Wundspülungen.

Psychisch-seelische Wirkung: Römisches Kamillenöl wirkt mild und zart bei allen seelischen Verkrampfungen. Wenn die Sinne wund und überreizt sind, hilft es, die Wogen zu glätten und die Wunden in aller Ruhe zu verbinden.

Pflanzenbotschaft: «Mild und zart verbind ich deine Wunden!»

Kampfer

Lateinischer Name:
Cinnamomum camphora (L.)
J. S. Prest
Pflanzenfamilie: Lorbeergewächse
Heimat: Ostasien
Gewinnung: Wasserdampfdestillation
Pflanzenteile: Holz
Ätherischer Ölgehalt: 5 %
Nötige Pflanzenmenge für 1 kg Essenz: 20 kg frisches Holz
Hauptbestandteile: Campher, Safrol, Pinen, Phellandren, Azulen, Bisabolen, Borneol, Eugenol, Citronellol, Fenchen, Pinen, Cineol, Linalool
Innere Anwendung: Schmerzlindernd, antiseptisch, durchblutungsfördernd, kreislaufanregend, nervenstärkend, herzstärkend, krampflösend, blutdrucksteigernd, schweißtreibend, harntreibend. Bei Schwächezuständen, Erkältungskrankheiten, Fieber, Rheuma, Herzschwäche, Magen- und Darmbeschwerden, Pilzinfektionen.

Äußere Anwendung: Bestandteil von Erkältungsbalsamen und -bädern, Einreibungen bei rheumatischen Schmerzen, Inhalation bei grippalen Infekten.

Psychisch-seelische Wirkung: Kampferöl wirkt sehr stark als Antidepressivum und Antihystericum. Es regt die klare Wahrnehmung und Konzentration an. Ein gut geeignetes Öl für Menschen, die zwischen zwei Stühlen sitzen und sich nicht entscheiden können. Die innere Klarheit wird unterstützt und kann leichter in Taten umgesetzt werden.

Pflanzenbotschaft: «Mach die Augen auf und erkenne!»

Gegenanzeigen: Vorsicht bei Neigung zu epileptischen Anfällen!

Ho-Blätter-Öl: Das besonders linaloolreiche ätherische Öl der Blätter des Kampferbaumes Cinnamomum camphora stammt vor allem aus Taiwan und ist unter dem Namen Ho-Blätter-Öl im Handel.

Kardamom

Lateinischer Name: Elettaria cardamomum
Pflanzenfamilie: Ingwergewächse
Heimat: Südindien, Sri Lanka
Gewinnung: Wasserdampfdestillation
Pflanzenteile: Samen
Ätherischer Ölgehalt: 5 %
Nötige Pflanzenmenge für 1 kg Essenz: 20 kg
Hauptbestandteile: Borneol, Cineol, Campher, Limonen, Sabinen, Terpinen, Eukalyptol
Innere Anwendung: Verdauungsfördernd, durchwärmend, krampflösend, harntreibend, blutdrucksteigernd, sexuell anregend. Bei Ischias, Husten, Verdauungsbeschwerden, Sodbrennen, Diarrhöe, Unterkühlung.

Äußere Anwendung: Tonisierender, kräftigender Badezusatz.

Psychisch-seelische Wirkung: Kardamomöl muntert auf, belebt und durchwärmt die Seele. Es gibt einen starken Impuls, der Lebenssituation wieder mit Zuversicht entgegenzugehen und sich nicht mehr aus Angst vor dem Versagen in einer dunklen Ecke zu verkriechen.

Pflanzenbotschaft: «Das Leben macht Spaß, komm, spiel mit mir!»

Karottensamen

Lateinischer Name: Daucus carota L.
Pflanzenfamilie: Doldenblütler
Heimat: Zentralasien
Gewinnung: Wasserdampfdestillation
Pflanzenteile: Samen
Ätherischer Ölgehalt: 1 %
Nötige Pflanzenmenge für 1 kg Essenz: 100 kg
Hauptbestandteile: Asaron, Carotol, Geranylacetat
Innere Anwendung: Wurmtreibend, krampflösend, blutbildend, milchbildend, Lymphfluß anregend.
Bei Leber- und Gallenbeschwerden, Hepatitis, Cholitis.
Äußere Anwendung: In Hautpflegemitteln mit nährender, straffender und verjüngender Wirkung. In Sonnenöl wirkt es bräunungsfördernd. Kompressen bei Hauterkrankungen. Massageöl zur Lymphdrainage.
Psychisch-seelische Wirkung: Karottenöl schenkt Unvoreingenommenheit. Vorurteile können leichter über Bord geworfen werden, und ohne Gedankenkorsett fühlt sich das Leben doch viel leichter und frischer an.
Pflanzenbotschaft: «Schneid die alten Zöpfe ab!»

Kiefer

Lateinischer Name: Pinus silvestris
Pflanzenfamilie: Kieferngewächse
Heimat: Gemäßigte nördliche Breiten
Gewinnung: Wasserdampfdestillation
Pflanzenteile: Nadeln
Ätherischer Ölgehalt: 0,2 %
Nötige Pflanzenmenge für 1 kg Essenz:
500 kg frische Nadeln
Hauptbestandteile: Cadinen, Phellandren, Pinen, Caren,
Cymol, Campher
Innere Anwendung: Antiseptisch, auswurffördernd, antirheuma-
tisch, durchblutungsfördernd, hustenlindernd, stimulierend.
Bei Lungenentzündungen, Erkältungen, Husten, Bronchialkatarrh,
Asthma, Rheuma, Harnwegsinfektionen.
Innere Anwendung: Kompressen oder Waschungen bei Hautaus-
schlägen und Flechten, Zusatz zu Rheumabädern, Inhalation bei
Erkältungen.
Psychisch-seelische Wirkung: Kiefernöl schenkt Ruhe, Frieden und
Entspannung. Für rastlose, betriebsame, überreizte Menschen, die
sich zu wenig Ruhe und Muße gönnen, ist es eine tiefe Erholung
und Stärkung. Es ermöglicht, daß man sich wieder ruhig und zuver-
sichtlich dem Leben stellen kann.
Pflanzenbotschaft: «Ruh dich aus und stärke dich!»

Knoblauch

Lateinischer Name: Allium sativum L.
Pflanzenfamilie: Liliengewächse
Heimat: Zentralasien
Gewinnung: Wasserdampfdestillation
Pflanzenteile: Zwiebel
Ätherischer Ölgehalt: 0,3 %
Nötige Pflanzenmenge für 1 kg Essenz: 300 kg
Hauptbestandteile: Alliin, Allicin, Diallyldisulfid
Innere Anwendung: Antiseptisch, blutdrucksenkend, auswurffördernd, stärkend, kreislaufanregend, pulsverlangsamend, krampflösend, harnsäurelösend, blutverdünnend, harntreibend, appetitanregend, magenstärkend, blähungswidrig, wurmtreibend, fiebersenkend.

Bei Schwächezuständen, Infektionskrankheiten, Lungenerkrankungen, Asthma, Keuchhusten, Verdauungsschwäche, Bluthochdruck, Herzschwäche, Rheuma, Gicht, Harnsteinen.

Äußere Anwendung: Pur auf Hühneraugen, Warzen und Insektenstiche.

Psychisch-seelische Wirkung: Knoblauchöl wirkt kräftig anregend auf emotionale Prozesse. Es ist dort angezeigt, wo sonst nichts mehr hilft, um den Lebensfluß wieder in Gang zu bringen. Nichts für zarte Naturen.

Pflanzenbotschaft: «Halt dich fest, da kommt ein Sturm!»

Koriander

Lateinischer Name: Coriandrum sativum L.
Pflanzenfamilie: Doldenblütler
Vorkommen: Mittelmeergebiet
Gewinnung: Wasserdampfdestillation
Pflanzenteile: Frucht (auch Blätter)
Ätherischer Ölgehalt: 1 %
Nötige Pflanzenmenge für 1 kg Essenz: 100 kg
Hauptbestandteile: Linalool, Geraniol, Borneol, Pinen, Terpinen, Cymol
Innere Anwendung: Anregend, magenstärkend, durchwärmend, verdauungsfördernd, gedächtnisfördernd, krampflösend, antibakteriell, pilztötend.
Bei Magen- und Darmbeschwerden, Blähungen, Rheuma, Gicht, Appetitlosigkeit, Erschöpfungszuständen, Arteriosklerose, Schmerzzuständen.
Äußere Anwendung: Einreibungen und Bäder bei rheumatischen Erkrankungen, Kompressen und Waschungen bei Geschwüren.
Psychisch-seelische Wirkung: Korianderöl hilft uns, verdrängte und unbewältigte Probleme wieder anzugehen. Dadurch steht uns die dort ehemals gebundene Energie zur Verfügung, um Lösungen zu finden und einen Schritt weiterzukommen.
Pflanzenbotschaft: «Schau hin und konfrontier dich, nur so kannst du wachsen!»

Krauseminze

Lateinischer Name: Mentha spicata
Pflanzenfamilie: Lippenblütler
Heimat: Mittelmeerländer
Gewinnung: Wasserdampfdestillation
Pflanzenteile: Blätter
Ätherischer Ölgehalt: 3 %
Nötige Pflanzenmenge für 1 kg Essenz:
30 kg frische Blätter
Hauptbestandteile: Pinen, Limonen, Caryophyllen, Octanol, Cymol, Carvon, Cineol, Menthofuran, Jasmon
Innere Anwendung: Auswurffördernd, antiseptisch, krampflösend, verdauungsfördernd, Gallefluß fördernd, schmerzstillend, durchblutungsfördernd.
Bei Erkältungskrankheiten, Atemwegsinfekten, Magen- und Darmerkrankungen, Leber- und Gallebeschwerden, Schleimhautentzündungen.
Äußere Anwendung: In Brustbalsamen, Einreibungen bei Rheuma, in Zahnpasten, zur Kaugummiherstellung.
Psychisch-seelische Wirkung: Krauseminzöl hat eine ähnliche Wirkung wie das Pfefferminzöl, nur um einiges milder. Es fördert die klare Sicht der Dinge, so daß die Nebel aus Gedanken sich verflüchtigen und ein klarer und freier Blick möglich wird. Krauseminzöl bewirkt eine klare Sicht, die aber auch Herzenswärme beinhaltet.
Pflanzenbotschaft: «Schau dir das Leben an und sag ja dazu!»

Kümmel

Lateinischer Name: Carum carvi L.
Pflanzenfamilie: Doldenblütler
Heimat: Eurasien
Gewinnung: Wasserdampfdestillation
Pflanzenteile: Frucht
Ätherischer Ölgehalt: 5 %
Nötige Pflanzenmenge für 1 kg Essenz:
20 kg
Hauptbestandteile: Carvon, Limonen, Carveol, Dihydrocarvon
Innere Anwendung: Appetitanregend, magenstärkend, menstrua-
tionsfördernd, verdauungsfördernd, milchbildend, wurmtreibend,
anregend, krampflösend, harntreibend.
Bei Appetitlosigkeit, Verdauungsstörungen, Magenkrämpfen,
Rheuma, Herzflattern, Darmparasiten.
Äußere Anwendung: In Zahnpasten. Einreibung bei Hautparasiten.
Psychisch-seelische Wirkung: Kümmelöl hilft der Seele beim Ver-
dauen von unbewältigten Gefühlen. Wenn die Seele zu viele un-
verträgliche Eindrücke aufnehmen mußte, unterstützt es Schritt für
Schritt ihre Verarbeitung und Bewältigung.
Pflanzenbotschaft: «Du hast viel erlebt, ich helf dir beim Verste-
hen!»

Ajowan, Trachyspermum ammi (früher: Carum copticum), ein Ver-
wandter des Kümmel, der von Nordafrika bis Südasien angebaut
wird, liefert ein thymolreiches ätherisches Öl (Gehalt: 2,6–4,5 %),
das hauptsächlich als Expektorans (= schleimlösend, auswurffördernd) verwendet wird.

Latschenkiefer

Lateinischer Name: Pinus montana
Pflanzenfamilie: Kieferngewächse
Heimat: Europäische Gebirge
Gewinnung: Wasserdampfdestillation
Pflanzenteile: Nadeln
Ätherischer Ölgehalt: 0,5 %
Nötige Pflanzenmenge für 1 kg Essenz: 200 kg frische Nadeln
Hauptbestandteile: Pinen, Camphen, Myrcen, Limonen, Cymol, Phellandren, Caren, Sylvestren
Innere Anwendung: Antiseptisch, auswurffördernd, schleimlösend, durchblutungsfördernd, abwehrstärkend.
Bei Erkältungen, Bronchialkatarrh, Atemwegsinfekten, Rheuma.
Äußere Anwendung: Verdampfung bei Erkältungskrankheiten, als Einreibemittel bei rheumatischen Erkrankungen und Durchblutungsstörungen, in Erkältungsbädern.
Psychisch-seelische Wirkung: Latschenkiefernöl läßt uns tief durchatmen. Es entspannt und kräftigt die Nerven, die im täglichen Getriebe oft überstrapaziert werden. Der Duft vermittelt die Wirkung eines ausgedehnten Waldspazierganges im Hochgebirge.
Pflanzenbotschaft: «Ich geb dir Kraft und Zuversicht!»

Lavandin

Lateinischer Name: Lavandula hybrida Reverchon
Pflanzenfamilie: Lippenblütler
Heimat: Südeuropa
Gewinnung: Wasserdampfdestillation
Pflanzenteile: Blütenstände

Ätherischer Ölgehalt: 1 %
Nötige Pflanzenmenge für 1 kg Essenz: 100 kg
Hauptbestandteile: Linalylacetat, Bornylacetat, Terpineol, Linalool, Borneol, Cumarin, Furfurol, Nerol, Pinen, Cineol
Anwendungen und Wirkung: Wie bei Lavendel.

Lavendel

Lateinischer Name: Lavandula officinalis
Pflanzenfamilie: Lippenblütler
Heimat: Mittel- und Südeuropa
Gewinnung: Wasserdampfdestillation
Pflanzenteile: Blütenstände
Ätherischer Ölgehalt: 1 %
Nötige Pflanzenmenge für 1 kg Essenz: 100 kg
Hauptbestandteile: Linalylacetat, Furfurol, Ocimen, Pinen, Cineol, Borneol, Linalool, Geraniol, Nerol, Cumarin
Innere Anwendung: Antiseptisch, krampflösend, schmerzstillend, Gallefluß fördernd, entgiftend, harntreibend, schweißtreibend, blutdrucksenkend, herzstärkend, verdauungsfördernd, magensaftanregend, wurmtreibend, menstruationsfördernd.
Bei Nervosität, Schlaflosigkeit, Schwindelgefühl, Erkältung, Melancholie, Atemwegserkrankungen, Harnverhalten, Rheuma, Magen- und Darmschwäche, Migräne, Typhus, Blasenentzündung, Darmparasiten, Bluthochdruck.
Äußere Anwendung: Pur auf Verbrennungen und Insektenstiche. Waschungen und Auflagen bei schlecht heilenden Wunden und Akne, Inhalation bei Erkältungskrankheiten, Verdampfung bei nervösen Beschwerden, Massageöl bei Verspannungen und Krämpfen, Scheidenspülungen.
Psychisch-seelische Wirkung: Lavendelöl läßt eine Atmosphäre

von Reinheit, Frische und Ordnung entstehen. Es vertreibt schlechte Gedanken und böse Geister. Depressionen lichten sich, und der Seelenhaushalt kommt wieder ins Gleichgewicht. Es ist das Gefühl, als wäre die Seele durch einen gründlichen Frühjahrsputz gegangen.

Pflanzenbotschaft: «Ich wasch dich rein!»

Lemongrass

Lateinischer Name:
Cymbopogon citratus
Pflanzenfamilie: Süßgräser
Heimat: Süd- und Ostasien
Gewinnung: Wasserdampfdestillation
Pflanzenteile: Gras
Ätherischer Ölgehalt: 3 %
Nötige Pflanzenmenge für 1 kg Essenz:
30 kg frisches Gras
Hauptbestandteile: Citral, Dipenten, Farnesol, Geraniol, Linalool, Limonen, Nerol, Citronellal
Innere Anwendung: Blutreinigend, nervenberuhigend, antiseptisch, verdauungsfördernd, Lymphfluß anregend, fiebersenkend, antirheumatisch, milchbildend.
Bei Bindegewebsschwäche, Nervosität, Stirnhöhlenkatarrh, Schnupfen, Verdauungsbeschwerden, Blähungen, Blasen- und Nierenbeschwerden, gestauter Lymphe.
Äußere Anwendung: Als Verdunstung insektenabwehrend. Waschungen bei fetter, großporiger Haut, Erfrischungsbäder, Massageöl für schwaches Bindegewebe.
Psychisch-seelische Wirkung: Lemongrassöl erzeugt eine optimistische Stimmung. Es bringt wie ein Sonnenstrahl, der unvermittelt in

die Seele fällt, Klarheit und Frische in festgefahrene, ermüdende Situationen. Kaum jemand kann sich dieser mitreißenden, frischen und sonnigen Ausstrahlung entziehen. Es ist wie ein wolkenloser, strahlend blauer Sommermogen.

Pflanzenbotschaft: «Alles ist frisch und neu!»

Liebstöckel

Lateinischer Name:
Levisticum officinale
Pflanzenfamilie: Doldengewächse
Heimat: Südostasien
Gewinnung: Wasserdampfdestillation
Pflanzenteile: Kraut
Ätherischer Ölgehalt: 1 %
Nötige Pflanzenmenge für 1 kg Essenz:
100 kg frisches Kraut
Hauptbestandteile: Ligustilid, Terpineol, Carvacrol, Bergapten, Isovaleriansäure
Innere Anwendung: Verdauungsfördernd, auswurffördernd, wassertreibend, blutreinigend, blähungstreibend, appetitanregend.
Bei Verdauungsschwäche, Blasen- und Nierenleiden, Rheuma, Gicht, Menstruationsbeschwerden.
Äußere Anwendung: Für Rheumabäder.
Psychisch-seelische Wirkung: Liebstöckelöl hat eine stark nervenberuhigende Wirkung. Dadurch verlieren Probleme ihre Größe und Schwere und können leichter bewältigt und verarbeitet werden. Es ist hervorragend für Menschen, die sich im Netz ihrer Probleme verfangen haben, kräftig strampeln und sich doch nur immer mehr verheddern.
Pflanzenbotschaft: «Mach langsam, eins nach dem andern!»

Limette

Lateinischer Name:
Citrus aurantifolia Swingle
Pflanzenfamilie: Rautengewächse
Heimat: Ostasien
Gewinnung: Kaltpressung
Pflanzenteile: Schalen
Ätherischer Ölgehalt: 1 %

Nötige Pflanzenmenge für 1 kg Essenz: 100 kg frische Schalen
Hauptbestandteile: Linolen, Linalylacetat, Linalool, Citral, Limettin, Limonen, Terpineol, Pinen, Camphen
Innere Anwendung: Antiseptisch, magenstärkend, blähungswidrig, verdauungsfördernd, blutreinigend, blutstillend, blutdrucksenkend, fiebersenkend, entschlackend.
Bei Arthritis, Rheuma, Blutarmut, Appetitlosigkeit, Infektionskrankheiten, Leber- und Gallenbeschwerden.
Äußere Anwendung: Blutstillend auf Wunden, pur auf Warzen, zum Gurgeln bei Mund- und Halsentzündungen, Verdampfung zur Luftreinigung und Desinfizierung, zur Pflege fetter, unreiner Haut.
Psychisch-seelische Wirkung: Limettenöl ist das spritzigste und frischeste aller Zitrusöle. Seine Wirkung ist deshalb besonders erfrischend und aufmunternd. In ganz trüben Momenten wirkt es wie eine Nadel, die in einen bestimmten rückwärtigen Körperteil sticht und uns in Sekundenschnelle zum Lachen bringt.
Pflanzenbotschaft: «Mach den Rolladen hoch, draußen tanzen die Sonnenstrahlen!»

Lorbeer

Lateinischer Name: Laurus nobilis
Pflanzenfamilie: Lorbeergewächse
Heimat: Mittelmeerländer, Vorderasien
Gewinnung: Wasserdampfdestillation
Pflanzenteile: Blätter
Ätherischer Ölgehalt: 2 %
Nötige Pflanzenmenge für 1 kg Essenz: 50 kg getrocknete Blätter
Hauptbestandteile: Cineol, Pinen, Phellandren, Sesquiterpene, Eugenol, Terpineol, Geraniol, Linalool
Innere Anwendung: Desinfizierend, durchwärmend, verdauungsfördernd, magenstärkend, krampflösend, durchblutungsfördernd. Bei Atemwegsinfektionen, Magen- und Darmbeschwerden, Koliken, Rheuma, Gicht.
Äußere Anwendung: Waschungen oder Auflagen bei Hautausschlägen, Massageöl bei Verrenkungen, Verstauchungen und Zerrungen.
Psychisch-seelische Wirkung: Lorbeeröl verbreitet eine klärende, belebende, feierliche, würdevolle Atmosphäre. Es weitet enge, ängstliche Gedanken und macht empfänglich für die Schönheit und Einzigartigkeit dieser Schöpfung. Gut geeignet für Menschen mit starken Minderwertigkeitsgefühlen.
Pflanzenbotschaft: «Das Leben ist ein Fest, komm, mach mit!»

Macis

Lateinischer Name: Myristica fragrans
Pflanzenfamilie: Myrtengewächse
Heimat: Südostasiatische Inseln
Gewinnung: Wasserdampfdestillation
Pflanzenteile: Samenmantel (Blüten der Muskatnuß)
Ätherischer Ölgehalt: 10%
Nötige Pflanzenmenge für 1 kg Essenz: 10 kg
Hauptbestandteile: Pinen, Camphen, Dipenten, Linalool, Borneol, Geraniol, Terpineol, Eugenol
Innere Anwednung: Appetitanregend, magenstärkend, Gallefluß anregend, durchblutungsfördernd, antiseptisch, Gallensteine auflösend.
Bei Darminfektionen, Blähungen, Schwächezuständen.
Äußere Anwendung: Einreibungen bei rheumatischen Erkrankungen, Verdunstungen bei Kreislaufschwäche.
Psychisch-seelische Wirkung: Macisblütenöl wirkt stark anregend auf die Willenskräfte des Menschen. Bei Entschlußlosigkeit und Apathie hilft es durch seine anfeuernde Wirkung, mit wilder Entschlossenheit den ersten Schritt aus dem Teufelskreis zu tun. Es mobilisiert die Kraft für ein zielgerichtetes Handeln.
Vorsicht, bei Überdosierung sind rauschhafte Zustände möglich!
Pflanzenbotschaft: «Sag, was du brauchst, ich zeig dir den Weg!»

Magnolie

Lateinischer Name: Annona odorata
Pflanzenfamilie: Anemonengewächse
Heimat: Indien, Philippinen, Sansibar, Mittelamerika

Gewinnung: Extraktion mit Alkohol
Pflanzenteile: Blüten
Ätherischer Ölgehalt: 0,5 %
Nötige Pflanzenmenge für 1 kg Essenz: 200 kg
Hauptbestandteile: Linalool, Cadinen, Geraniol, Kresol, Pinen, Eugenol, Safrol, Nerol, Farnesol
Innere Anwendung: Antiseptisch, blutdrucksenkend, Atemfrequenz senkend, beruhigend.
Bei Nervosität und Übererregbarkeit, überhöhtem Blutdruck, Herzbeschwerden.
Äußere Anwendung: Verdunstung bei Depressionen, in Hautpflegemitteln, Parfümgrundstoff.
Psychisch-seelische Wirkung: Magnolienöl beschwichtigt Angst, Zorn und Ärger. Alle emotionalen Ausnahmesituationen erfahren eine Milderung, sie werden in eine süße, berauschende Wolke eingehüllt, so daß man nach einigen Momenten gar nicht mehr weiß, worüber man sich eigentlich rasend aufgeregt hat.
Pflanzenbotschaft: «Das Leben schmeckt so süß, probier ein Stück davon!»

Mairose

Lateinischer Name: Rosa centifolia
Pflanzenfamilie: Rosengewächse
Heimat: Vorderasien
Gewinnung: Extraktion durch Alkohol
Pflanzenteile: Blüten
Ätherischer Ölgehalt: 0,2 %
Nötige Pflanzenmenge für 1 kg Essenz: 500 kg frische Blüten
Hauptbestandteile: Citronellol, Rhodinol, Nerol, Linalool, Geraniol, Eugenol, Farnesol

Innere Anwendung: Antiseptisch, krampflösend, wundheilend, menstruationsfördernd. Bei Herzbeschwerden, Menstruationsbeschwerden, Kopfschmerzen, Nervosität.

Äußere Anwendung: Kompressen bei schlecht heilenden Wunden, aphrodisisches Massageöl, Verdunstung bei Depressionen.

Psychisch-seelische Wirkung: Mairosenöl hüllt uns in einen süßen Rausch von Luxus, Großzügigkeit und Wohlleben, öffnet uns zärtlichen, sinnlichen Berührungen und läßt uns an Glück, Fülle, Reichtum und Seligkeit glauben.

Pflanzenbotschaft: «Lieb mich, ich schenk dir alles!»

Majoran

Lateinischer Name: Origanum majorana
Pflanzenfamilie: Lippenblütler
Heimat: Mittelmeerraum
Gewinnung: Wasserdampfdestillation
Pflanzenteile: Blätter
Ätherischer Ölgehalt: 1 %
Nötige Pflanzenmenge für 1 kg Essenz: 100 kg frische Blätter
Hauptbestandteile: Terpinen, Pinen, Sabinen, Origanol, Geraniol, Eugenol, Linalool
Innere Anwendung: Durchwärmend, entspannend, beruhigend, krampflösend, schmerzstillend, keimtötend, abführend, wundheilend, sexuell dämpfend, appetitanregend, antirheumatisch, schweißtreibend, Gallefluß anregend.
Bei Verdauungsbeschwerden, nervösen Spannungen, Migräne, Infektionskrankheiten, Arthritis, Schlaflosigkeit, Nervosität, Bluthochdruck, Angstzuständen.
Äußere Anwendung: Waschungen und Kompressen bei schlecht heilenden Wunden, in Entspannungsbädern, Inhalation bei Stock-

schnupfen und Stirnhöhlenkatarrh, Einreibung bei Magenkrämpfen und rheumatischen Beschwerden.

Psychisch-seelische Wirkung: Majoranöl hat eine sehr starke Wirkung in emotionalen Ausnahmesituationen wie Trauer, Angst, Verzweiflung. Es löst krampfartige Zustände, stabilisiert das verlorengegangene Gleichgewicht und schenkt Mut und Zuversicht.

Pflanzenbotschaft: «Es ist dunkel, geh weiter, dann siehst du das Licht!»

Gegenanzeigen: Bei Überdosierung können Kopfschmerzen auftreten. Vorsicht während der Schwangerschaft!

Mandarine

Lateinischer Name:
Citrus madurensis

Pflanzenfamilie: Rautengewächse

Heimat: Ostasien

Gewinnung: Kaltpressung

Pflanzenteile: Schalen

Ätherischer Ölgehalt: 2 %

Nötige Pflanzenmenge für 1 kg Essenz: 50 kg frische Schalen

Hauptbestandteile: Limonen, Dipenten, Aldehyde, Terpineol

Innere Anwendung: Stimmungsaufhellend, erfrischend, blutreinigend, antidepressiv, anregend für Magen, Darm und Galle.
Bei Erschöpfungszuständen, Nervosität, Verspannungen.

Äußere Anwendung: Entspannendes Bad oder Massageöl, Verdunstung bei Depressionen.

Psychisch-seelische Wirkung: Mandarinenöl ist das unschuldigste und kindlichste Öl; seiner frischen Heiterkeit kann niemand widerstehen. Gerade Kinder lieben dieses Öl über alles. Es erfrischt, läßt Ängste, Traurigkeit, Verspannungen im Nu verfliegen.

Pflanzenbotschaft: «Das Leben ist ein Spiel, komm, lach mit mir!»

Melisse

Lateinischer Name: Melissa officianalis
Pflanzenfamilie: Lippenblütler
Heimat: Mitteleuropa, Vorderasien
Gewinnung: Wasserdampfdestillation
Pflanzenteile: Blätter
Ätherischer Ölgehalt: 0,015 %
Nötige Pflanzenmenge für 1 kg Essenz: 7000 kg frische Blätter
Hauptbestandteile: Citral, Citronellal, Linalool, Geraniol, Aldehyde
Innere Anwendung: Krampflösend, schweißtreibend, antibakteriell, blähungswidrig, herzwirksam, blutdrucksenkend, leber- und galle-wirksam, beruhigend, stärkend.
Bei Allergien, Asthma, Magen- und Darmbeschwerden, Migräne, Schlaflosigkeit, Nervosität, Blutarmut, Wetterfühligkeit, nervösen Herzbeschwerden, Leber- und Galleerkrankungen.
Äußere Anwendung: Auf Insektenstiche und Herpesbläschen. Ein-reibungen bei Migräne und Rheuma.
Psychisch-seelische Wirkung: Melissenöl ist in seiner Art eines der wirksamsten Öle bei Überreizung, Streß, Migräne und Depressio-nen. Es gleicht diese Zustände aus, erfrischt und durchwärmt vom Herzen her. Mit einer heiteren, warmen Ausgeglichenheit erscheint alles in einem neuen Licht.
Pflanzenbotschaft: «Öffne dein Herz, und die Welt ist dein Freund!»

Melisse indicum
(Citronellaöl über Melissenblättern destilliert)

Lateinischer Name: Cymbopogon nardus
Pflanzenfamilie: Süßgräser
Heimat: Südasien
Gewinnung: Wasserdampfdestillation
Pflanzenteile: Blätter
Ätherischer Ölgehalt: 1 %
Nötige Pflanzenmenge für 1 kg Essenz: 100 kg
Hauptbestandteile: Geraniol, Citronellal, Eugenol, Citral, Dipenten, Cadinen, Limonen, Citronellol
Anwendungen und Wirkungen wie bei Citronella.

Mimose

Lateinischer Name:
Acacia farnesiana (L.) Willd.
Pflanzenfamilie: Schmetterlingsblütler
Heimat: Mittelmeerraum
Gewinnung: Extraktion mit Alkohol
Pflanzenteile: Blüten
Ätherischer Ölgehalt: 1 %
Nötige Pflanzenmenge für 1 kg Essenz: 100 kg
Hauptbestandteile: Salicylsäuremethylester, Kresol, Benzaldehyd, Anisaldehyd, Geraniol, Farnesol
Innere Anwendung: Harmonisierend, beruhigend, schlaffördernd, aphrodisisch, krampflösend.
Bei nervösen Störungen, Überreiztheit, Nervenschwäche, Frigidität.

Äußere Anwendung: Als aphrodisisches Massageöl, als Parfümgrundstoff, Verdampfung bei Nervosität, Pflege sensibler, überempfindlicher Haut.

Psychisch-seelische Wirkung: Mimosenöl ist für die zartbesaiteten,
ängstlichen Seelen, die sich nichts zutrauen und sich beim gering-
sten Anlaß verschließen. Immer, wenn die zarte Seele einen Schock
oder Schrecken erfahren hat, gibt Mimosenöl Trost und Halt.

Pflanzenbotschaft: «Komm zu mir, ich tröste dich!»

Moschuskörneröl

Lateinischer Name:
Abelmoschus moschatus Medik.
(Hibiscus abelmoschus L.)
Pflanzenfamilie: Hibiskusgewächse
Heimat: Afrika, Westindien, Java
Gewinnung: Extraktion mit Alkohol,
Wasserdampfdestillation
Pflanzenteile: Samen
Ätherischer Ölgehalt: 0,5%
Nötige Pflanzenmenge für 1 kg Essenz
200 kg getrocknete Samen

Hauptbestandteile: Ambrettolid, Lacton, Ambrettolsäure, Farnesol,
Palmitinsäure

Innere Anwendung: Stimulierend, aphrodisisch. Bei sexueller
Schwäche, Frigidität.

Äußere Anwendung: Grundstoff für Parfüms, in winzigen Spuren
für aphrodisische Massageöle.

Psychisch-seelische Wirkung: Moschuskörneröl spricht unsere tieri-
schen Triebe an, aktiviert die dort befindliche Energie. Es schaltet
die Kontrollinstanzen aus und gibt uns den Impuls, uns auszule-

ben, Gefühle ohne Beschönigungen zu zeigen und zu leben – eine Achterbahnfahrt ins Unbewußte.

Pflanzenbotschaft: «Leb, was du spürst!»

Muskatellersalbei

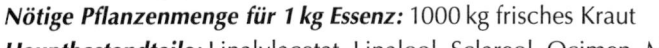

Lateinischer Name: Salvia sclarea L.
Pflanzenfamilie: Lippenblütler
Heimat: Mittelmeerraum
Gewinnung: Wasserdampfdestillation
Pflanzenteile: Blütenstände
Ätherischer Ölgehalt: 0,1 %
Nötige Pflanzenmenge für 1 kg Essenz: 1000 kg frisches Kraut
Hauptbestandteile: Linalylacetat, Linalool, Sclareol, Ocimen, Myrcen, Cedren, Nerolidol
Innere Anwendung: Antiseptisch, krampflösend, verdauungsfördernd, menstruationsfördernd, blutdrucksenkend, schweißhemmend, tonisierend, abwehrstärkend.
Bei Asthma, Bronchialkatarrh, Verdauungsbeschwerden, Koliken, Menstruationsbeschwerden, Tuberkulose, Halsentzündung, Keuchhusten.
Äußere Anwendung: Verdampfung bei seelischen Spannungen, Waschungen und Auflagen bei entzündeter Haut, als Haarspülung bei fettigem, schuppigem Haar.
Psychisch-seelische Wirkung: Muskatellersalbeiöl wirkt leicht euphorisierend und stärkt die Bereitschaft, die eigenen Grenzen zu übertreten. Bei Depressionen, die aus dem Nicht-verantwortlich-sein-Wollen kommen, nimmt es die dunkle Schwere und gibt das innere Einverstandensein und die Lebensfreude zurück.
Pflanzenbotschaft: «Öffne die Flügel, trau dich, du kannst fliegen!»

Muskatnuß

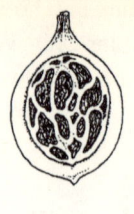
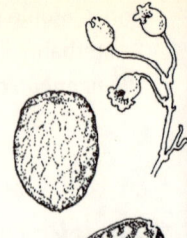

Lateinischer Name: Myristica fragrans
Pflanzenfamilie: Myrtengewächse
Heimat: Südostasiatische Inseln
Gewinnung: Wasserdampfdestillation
Pflanzenteile: Samenkern
Ätherischer Ölgehalt: 10%
Nötige Pflanzenmenge für 1 kg Essenz:
10 kg getrocknete Samen
Hauptbestandteile: Pinen, Camphen, Dipenten, Linalool, Borneol,
Geraniol, Terpineol, Eugenol
Anwendung und Wirkung wie Macis, nur noch etwas intensiver.

Myrrhe

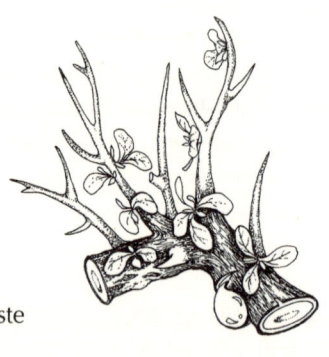

Lateinischer Name:
Commiphora abyssinica
Pflanzenfamilie:
Balsambaumgewächse
Heimat: Süarabien und
gegenüberliegende afrikanische Küste
Gewinnung: Extraktion mit Alkohol
Pflanzenteile: Harz
Ätherischer Ölgehalt: 8%
Nötige Pflanzenmenge für 1 kg Essenz: 10–15 kg
Hauptbestandteile: Pinen, Limonen, Cumin- und Zimtaldehyd, Eu-
genol, Myrrholsäure
Innere Anwendung: Desinfizierend, zusammenziehend, entzün-
dungshemmend, balsamisch, schleimlösend, blutreinigend.

Bei Lungenerkrankungen, Verdauungsbeschwerden, Appetitlosigkeit, Leberschwellungen, Hämorrhoiden, Zahnfleisch- und Mundentzündungen, Bronchitis, Halsentzündung, Menstruationsbeschwerden.

Äußere Anwendung: In Zahnpasten und Mundwässern, Auflage bei schlecht heilenden Wunden.

Psychisch-seelische Wirkung: Myrrheöl öffnet die Tür zum Geistigen. Es ist hervorragend für alle Menschen, die zu sehr im Materiellen, Sinnlichen gebunden sind. Es ist wie eine Brücke zur «feinstofflichen» Welt, aber ohne die «grobstoffliche» zu verleugnen. Eine feierliche Stimmung ermöglicht die Aufnahme von göttlicher Wahrheit.

Pflanzenbotschaft: «Laß deiner Seele Flügel wachsen!»

Myrte

Lateinischer Name: Myrtus communis
Pflanzenfamilie: Myrtengewächse
Heimat: Östliche Mittelmeerländer
Gewinnung: Wasserdampfdestillation
Pflanzenteile: Blätter
Ätherischer Ölgehalt: 1 %
Nötige Pflanzenmenge für 1 kg Essenz: 100 kg frische Blätter
Hauptbestandteile: Pinen, Dipenten, Cineol, Myrtenol, Geraniol, Nerol
Innere Anwendung: Antiseptisch, zusammenziehend, balsamisch, schmerzlindernd, wurmtreibend, antirheumatisch.

Bei Lungenentzündung, Blasenentzündung, Bronchitis, Infektionskrankheiten, Stirnhöhlenvereiterung, Ohrenentzündung, Asthma, Keuchhusten, Rheuma.

Äußere Anwendung: Waschungen und Auflagen bei schlecht heilenden Wunden, als Massageöl bei Menstruationsbeschwerden, Verdunstung bei Infektionskrankheiten, Waschungen bei Akne.

Psychisch-seelische Wirkung: Myrtenöl hilft bei der inneren Klärung unseres Standpunktes. Es schafft eine Atmosphäre, in der wir objektiv das Für und Wider abwägen können und, ohne durch tausend Emotionen zu gehen, unsere Entscheidung mitteilen können. Es klärt und kräftigt unsere Sicht von der Welt.

Pflanzenbotschaft: «Schau hin, mit klaren, reinen Augen!»

Nagarmotha

Lateinischer Name: Cyperus scariosus R. Br.
Pflanzenfamilie: Gräser
Heimat: Vorderindien
Gewinnung: Wasserdampfdestillation
Pflanzenteile: Wurzeln
Ätherischer Ölgehalt: 1 %
Nötige Pflanzenmenge für 1 kg Essenz: 100 kg
Hauptbestandteile: Sesquiterpene, Sesquiterpenalkohole, Sesquiterpenketone, Scariodon, Rotunden
Innere Anwendung: (Speise-)Gewürz, Stomaticum.
Äußere Anwendung: Bei Verspannungen und Verkrampfungen, Herstellung von Haarölen und Lederparfümen.
Psychisch-seelische Wirkung: Nagarmothaöl weckt die Sinnlichkeit, den Wunsch, Wärme zu spüren und zu geben. Es umhüllt, wärmt, stimuliert, regt zum Träumen und Wohlfühlen an.
Pflanzenbotschaft: «Liebe und genieße das Leben.»

Narde

Lateinischer Name: Nardostachys jatamansi
Pflanzenfamilie: Baldriangewächse
Heimat: Himalaya
Gewinnung: Wasserdampfdestillation
Pflanzenteile: Wurzeln
Ätherischer Ölgehalt: 1 %
Nötige Pflanzenmenge für 1 kg Essenz: 100 kg getrocknete Wurzeln
Hauptbestandteile: Valeranon, Jatamansin, Lomatin, Nardol, Nardosinon
Innere Anwendung: Magenstärkend, verdauungsfördernd, krampflösend, herzschlag- und kreislaufverlangsamend, beruhigend, einschlaffördernd, nervenstärkend.
Bei Magen- und Darmschwäche, Koliken und Krämpfen, nervösen Störungen.
Äußere Anwendung: Hautpflegemittel bei stark irritierter Haut, Verdunstung bei starker Nervosität.
Psychisch-seelische Wirkung: Bei starken seelischen Schmerzen wirkt das Nardenöl stark lindernd, ja gelegentlich sogar betäubend. Es schenkt Ruhe und Frieden, um uns von den seelischen Anstrengungen zu erholen und im Schlaf neue Kraft zu schöpfen.
Pflanzenbotschaft: «Du hast genug gekämpft, jetzt ruh dich aus!»

Narzisse

Lateinischer Name: Narcissus poeticus L.
Pflanzenfamilie: Amaryllidaceae
Heimat: Südeuropa
Gewinnung: Alkoholextraktion
Pflanzenteile: Blüten

Ätherischer Ölgehalt: 2,5% als Concrète, daraus 30% absolue
Nötige Pflanzenmenge für 1 kg Essenz: 120 kg
Hauptbestandteile: Cinnamylalkohol, Benzaldehyd, Eugenol, Benzoesäure
Innere Anwendung: Nicht bekannt.
Äußere Anwendung: Bei Nervosität, Streßerscheinungen, Verkrampfungen und Verhärtungen.
Psychisch-seelische Wirkung: Narzisse ist eine Verführung der Natur; wie nach langer Zeit des Alleinseins eine neue Verliebtheit aufbricht, ist dieser Duft die Verheißung des ewigen Frühlings, des leichten Schwebens, der Schwerelosigkeit.
Pflanzenbotschaft: «Breite deine Flügel aus, du kannst fliegen.»

Nelke

Lateinischer Name:
Eugenia caryophyllata
Pflanzenfamilie: Myrtengewächse
Heimat: Südostasien
Gewinnung: Wasserdampfdestillation
Pflanzenteile: Blütenknospen
Ätherischer Ölgehalt: 15%
Nötige Pflanzenmenge für 1 kg Essenz: 6–8 kg getrocknete Blütenknospen
Hauptbestandteile: Eugenol, Aceteugenol, Casyophyllen, Oleanolsäure
Innere Anwendung: Keimtötend, schmerzstillend, magenstärkend, krampflösend, verdauungsfördernd, auswurffördernd, tonisierend, blähungswidrig, wundheilend, geburtsfördernd.
Bei Magen- und Darmbeschwerden, Infektionskrankheiten, Durchfall, Schwächezuständen.

Äußere Anwendung: Bei Zahnschmerzen einen Tropfen auf den betroffenen Zahn, Verdunstung bei Infektionskrankheiten, als Kompresse auf schlecht heilende Wunden und entzündete Haut, Bestandteil von Zahncremes.

Psychisch-seelische Wirkung: Nelkenöl erleichtert das Loslassen von alter Belastung und macht für neue Erfahrungen und Eindrücke empfänglich. Es vermittelt ganz stark die Erkenntnis, daß hier auf der Erde alles, was entsteht, auch wieder vergehen muß, und es läßt die Möglichkeit entstehen, diese Wahrheit auch zu leben.

Pflanzenbotschaft: «Leben und Sterben, alles ist eins!»

Neroli

Lateinischer Name: Citrus Bigaradia
Pflanzenfamilie: Rautengewächse
Heimat: Ostasien
Gewinnung: Wasserdampfdestillation
Pflanzenteile: Blüten
Ätherischer Ölgehalt: 0,1 %
Nötige Pflanzenmenge für 1 kg Essenz: 1000 kg frische Blüten
Hauptbestandteile: Ocimen, Pinen, Camphen, Linalool, Terpineol, Nerol, Geraniol, Nerolidol, Farnesol, Indol

Innere Anwendung: Zellwachstum anregend, antiseptisch, verdauungsfördernd, antidepressiv, krampflösend, aphrodisisch, herzberuhigend.
Bei Schlaflosigkeit, Migräne, nervösen Herzbeschwerden, Durchfall, Kopfschmerzen, Depressionen.

Äußere Anwendung: In Hautpflegeprodukten das Wachstum der Zellen anregend, Verdampfung bei Depression, entspannende Gesichtskompresse, in aphrodisischen Massageölen und Bädern.

Psychisch-seelische Wirkung: Neroliöl ist ein hervorragendes Anti-

depressivum. Es wirkt leicht euphorisierend und setzt die nervliche Anspannung herab. Besonders, wenn die Seele einen Schock erlitten und sich verstört verkrochen hat, ist Neroliöl die erste Hilfe.
Pflanzenbotschaft: «Komm her, ich schütze dich!»

Niaouli

Lateinischer Name: Melaleuca viridiflora
Pflanzenfamilie: Myrtengewächse
Heimat: Australien und benachbarte SO-asiatische Inseln
Gewinnung: Wasserdampfdestillation
Pflanzenteile: Blätter
Ätherischer Ölgehalt: 2 %
Nötige Pflanzenmenge für 1 kg Essenz: 50 kg frische Blätter
Hauptbestandteile: Cineol, Pinen, Terpineol, Nerolidol, Eukalyptol, Limonen
Innere Anwendung: Antiseptisch, schmerzstillend, anregend, Zellwachstum anregend, kreislaufanregend, blutstillend, auswurffördernd.
Bei Atemwegsentzündungen, Erkältung, Darminfektionen, Rheuma, Schnupfen, Bronchitis.
Äußere Anwendung: Als Gurgelmittel bei Halsentzündungen. Verdampfung bei Erkältungskrankheiten, stark verdünnt als Vaginalspülung, Waschungen und Auflagen bei Verbrennungen und Wunden, Einreibung bei rheumatischen Beschwerden.
Psychisch-seelische Wirkung: Niaouliöl schenkt die Fähigkeit, auch in stürmischen und turbulenten Zeiten das Ziel im Auge zu behalten und den Überblick nicht zu verlieren. Es klärt unsere Gedanken und Gefühle auf viel weichere Art als das Eukalyptusöl.
Pflanzenbotschaft: «Ich mach die Augen weich und klar!»

Opoponax

Lateinischer Name: Commiphora erythraea
Pflanzenfamilie: Balsambaumgewächse
Heimat: Südarabien und gegenüberliegende afrikanische Küste
Gewinnung: Auszug mit Alkohol
Pflanzenteile: Harz
Ätherischer Ölgehalt: 10 %
Nötige Pflanzenmenge für 1 kg Essenz: 10 kg Harz
Hauptbestandteile: Oporesinotannol, Bisabolen, Santal, Sesquiterpene
Innere Anwendung: Antiseptisch, beruhigend, krampflösend, wundheilend, auswurffördernd, zusammenziehend, menstruationsfördernd.
Bei Lungen- und Atemwegsinfektionen, Husten, Asthma, Blasenentzündung, Pilzerkrankungen.
Äußere Anwendung: Auflage bei schlecht heilenden Wunden.
Psychisch-seelische Wirkung: Opoponaxöl konzentriert auf die Gegenwart, deshalb ist es ein ausgezeichnetes Öl für Menschen, die in der Vergangenheit leben, in guten oder schlechten Zeiten, die sie einmal erlebt haben, und sich weigern, mit dem Fluß des Lebens zu gehen. Ihnen hilft Opoponaxöl, diesen Ballast hinter sich zu lassen und dem Leben wieder zur Verfügung zu stehen.
Pflanzenbotschaft: «Lebe, hier und jetzt!»

Orange

Lateinischer Name:
Citrus aurantium dulcis

Pflanzenfamilie: Rautengewächse

Heimat: Ostasien

Gewinnung: Kaltpressung

Pflanzenteile: Schalen

Ätherischer Ölgehalt: 2 %

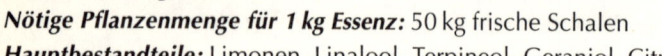

Nötige Pflanzenmenge für 1 kg Essenz: 50 kg frische Schalen

Hauptbestandteile: Limonen, Linalool, Terpineol, Geraniol, Citral, Citronellal, Vitamin C

Innere Anwendung: Blutdrucksenkend, harmonisierend, blutreinigend, stoffwechselanregend, appetitanregend, tonisierend, verdauungsfördernd, Gallefluß anregend, herzstärkend, Niere und Blase anregend, fiebersenkend.

Bei chronischer Bronchitis, Husten, Magenschmerzen, Herzspasmen, Schlaflosigkeit, Verdauungsschwäche, Blasen- und Nierenbeschwerden, Fieber, Lymphstau, schlechter Durchblutung.

Äußere Anwendung: Massageöl bei Cellulite. Pflegend und beruhigend bei trockener, nervöser Haut, Gurgelmittel bei Zahnfleischentzündung, als Verdunstung insektenabweisend, Inhalation bei Bronchitis.

Psychisch-seelische Wirkung: Orangenöl nimmt den Problemen und Gefühlen ihre Schwere und lehrt uns, wieder über uns selbst und die Welt lachen zu können. Es vermittelt Wärme, Heiterkeit und Mitgefühl, nimmt die Angst vor neuen, unbekannten Situationen und läßt uns unvoreingenommen vom Herzen her handeln.

Pflanzenbotschaft: «Welt, laß dich umarmen!»

Origanum
(Dost)

Lateinischer Name: Origanum vulgare
Pflanzenfamilie: Lippenblütler
Heimat: Mittelmeergebiet
Gewinnung: Wasserdampfdestillation
Pflanzenteile: Kraut
Ätherischer Ölgehalt: 2 %
Nötige Pflanzenmenge für 1 kg Essenz: 50 kg frisches Kraut
Hauptbestandteile: Carvacrol, Thymol, Linalool, Campher, Pinen, Terpinen, Origanen
Innere Anwendung: Antiseptisch, magenstärkend, verdauungsfördernd, appetitanregend, schmerzlindernd, beruhigend, menstruationsfördernd, krampflösend, auswurffördernd, hustenstillend.
Bei Atemwegsinfektionen, Bronchitis, Husten, Asthma, Rheuma, Magenschwäche, Blähungen, Tuberkulose, ausbleibender Menstruation.
Äußere Anwendung: Massageöl bei Cellulite und rheumatischen Erkrankungen, Waschungen und Auflagen bei chronischen Hauterkrankungen, Sitzbäder bei unregelmäßiger Periode, Einreibung bei Hautparasiten.
Psychisch-seelische Wirkung: Origanumöl wirkt beruhigend und ausgleichend. Bei dem Gefühl, sich seelisch verausgabt zu haben, hilft es, innezuhalten, die Kräfte zu stärken und neu zu ordnen, um dann mit klarem Kopf und frischem Mut wieder nach außen zu gehen.
Pflanzenbotschaft: «Ich schenk dir Kraft und Mut!»

Palmarosa

Lateinischer Name: Cymbopogon martinii
Pflanzenfamilie: Gräser
Heimat: Südostasien
Gewinnung: Wasserdampfdestillation
Pflanzenteile: Gras
Ätherischer Ölgehalt: 2,5 %
Nötige Pflanzenmenge für 1 kg Essenz:
40 kg frische Gräser
Hauptbestandteile: Phellandren, Dipenten,
Limonen, Carvon, Geraniol
Innere Anwendung: Entspannend, krampflösend, beruhigend, harmonisierend, Talgproduktion regulierend, Zellwachstum fördernd, antiseptisch.
Bei nervösen Beschwerden, Krämpfen und Verspannungen, hohem Blutdruck, Kopfschmerzen.
Äußere Anwendung: Massageöl bei Muskelverspannungen, Verdunstung bei Nervosität, in Kosmetikpräparaten.
Psychisch-seelische Wirkung: Palmarosaöl wirkt ausgleichend und harmonisierend. Nach einem anstrengenden, beschwerlichen Tag bringt es Erholung und Entspannung, stellt das innere Gleichgewicht wieder her und hilft, Streß und Hektik abzubauen. Es hinterläßt ein ausgeglichenes und zufriedenes Gefühl und die Möglichkeit, unbeschwert in den neuen Tag zu gehen.
Pflanzenbotschaft: «Gib mir deine Last, ich geb dir Zuversicht!»

Pampelmuse
(Grapefruit)

Lateinischer Name: Citrus maxima
Pflanzenfamilie: Rautengewächse
Heimat: Ostasien
Gewinnung: Kaltpressung
Pflanzenteile: Schalen
Ätherischer Ölgehalt: 1 %
Nötige Pflanzenmenge für 1 kg Essenz: 100 kg frische Schalen
Hauptbestandteile: Pinen, Limonen, Linaloon, Citral, Geraniol
Innere Anwendung: Blutreinigend, erfrischend, zusammenziehend, Zellwachstum anregend, Leber und Galle anregend, durchblutungsfördernd.
Bei Erschöpfung, Durchfall, Magenverstimmung, Leber- und Gallebeschwerden.
Äußere Anwendung: Pflegemittel bei fetter, unreiner Haut, in Cellulitepräparaten, Verdampfung bei Müdigkeit und Erschöpfung.
Psychisch-seelische Wirkung: Pampelmusenöl wirkt sehr tonisierend und spritzig, ja fast schon ein bißchen euphorisierend. Wenn man sich sehr schwer und depressiv fühlt, vermittelt es Leichtigkeit, Lebenslust und Vitalität.
Pflanzenbotschaft: «Das Leben ändert sich in jeder Sekunde, mach mit!»

Patchouli

Lateinischer Name: Pogostemon Cablin
Pflanzenfamilie: Lippenblütler
Heimat: Südostasien
Gewinnung: Wasserdampfdestillation

Pflanzenteile: Blätter
Ätherischer Ölgehalt: 3 %
Nötige Pflanzenmenge für 1 kg Essenz:
30–35 kg getrocknete Blätter
Hauptbestandteile: Patchoulicampher, Azulen, Patchoulipyridin, Benzaldehyd, Eugenol, Cadinen, Zimtaldehyd
Innere Anwendung: Antiseptisch, wundheilend, nervenberuhigend, kräftigend, aphrodisisch, tonisierend, fiebersenkend, pilztötend, zellerneuernd, antidepressiv, harntreibend, entwässernd.
Bei Schwächegefühl, Nervosität, Überempfindlichkeit, Depressionen, Hauterkrankungen.
Äußere Anwendung: Waschung und Auflage bei schlecht heilenden Wunden, Verdampfung zur Herstellung einer warmen, sinnlichen Atmosphäre, Spülung bei Pilzbefall der Mundhöhle, Einreibung bei Hautproblemen wie Ekzemen, allergischen Reaktionen und Pilzbefall.
Psychisch-seelische Wirkung: Patchouliöl ist anregend, stark kräftigend, schwer und sinnlich. Es öffnet die Tore zum Unbewußten, zur Sinnlichkeit, zu unseren Trieben. In einer traumhaft schwer betörenden Atmosphäre gibt sich der Mensch seiner Sinnlichkeit hin. Die eigenen Grenzen schmelzen, öffnen, Hingeben geschieht. Eine tiefe Freude am Körper, am Lieben und Genießen der Lust entsteht.
Pflanzenbotschaft: «Gib dich hin, es gibt nichts Schöneres!»

Perubalsam

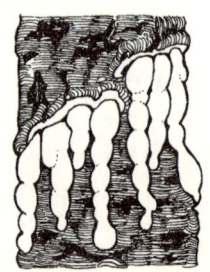

Lateinischer Name:
Myroxylon balsamum var. pereirae
Pflanzenfamilie: Schmetterlingsblütler
Heimat: Südamerika
Gewinnung: Auszug durch Alkohol

Pflanzenteile: Harz
Ätherischer Ölgehalt: 5 %
Nötige Pflanzenmenge für 1 kg Essenz: 20 kg Harz
Hauptbestandteile: Cinnamein, Nerolidol, Farnesol, Vanillin, Cumarin
Innere Anwendung: Antiseptisch, juckreizstillend, hustenstillend, auswurffördernd, beruhigend, harmonisierend, aphrodisisch. Bei Erkrankungen der Atemwege, Hauterkrankungen, Nervosität, Depressionen.
Äußere Anwendung: Auflagen bei schlecht heilenden Wunden, Waschungen und Einreibungen bei Juckreiz, Verdunstung bei Nervosität, aphrodisisches Massageöl.
Psychisch-seelische Wirkung: Perubalsam ist im wahrsten Sinne des Wortes Balsam für die verwundete Seele. Durch seine balsamische Süße erinnert er an tropische Inseln, Palmen, Sonnenschein, süßes Nichtstun. Die seelischen Wunden können in dieser aufnehmenden Atmosphäre schnell vernarben und ausheilen.
Pflanzenbotschaft: «Ich salbe deine Wunden!»

Petersilie

Lateinischer Name:
Petroselinum crispum
Pflanzenfamilie: Doldenblütler
Heimat: Mittelmeerraum
Gewinnung: Wasserdampfdestillation
Pflanzenteile: Kraut
Ätherischer Ölgehalt: 0,3 %
Nötige Pflanzenmenge für 1 kg Essenz: 300 – 350 kg frisches Kraut
Hauptbestandteile: Apiol, Myristicin, Pinen, Terpene, Bergapten
Innere Anwendung: Auswurffördernd, appetitanregend, verdau-

ungsfördernd, magenstärkend, abführend, krampflösend, Galle anregend, menstruationsfördernd, durchblutungsfördernd, harntreibend, antirheumatisch, fiebersenkend.

Bei Blasen- und Nierensteinen, Hämorrhoiden, Menstruationsbeschwerden, ausbleibenden Wehen, Rheuma, Gicht, Wassersucht, Magen- und Darmbeschwerden.

Äußere Anwendung: Waschungen und Einreibungen bei Hautparasiten.

Psychisch-seelische Wirkung: Petersilienöl ist besonders dann angezeigt, wenn der seelische Druck immer stärker wird, sei es durch zu hohe Erwartungen und Anforderungen an sich selbst oder durch übermäßige Belastung von außen. Wenn dann eine innere Explosion kurz bevorsteht, dann öffnet das Petersilienöl das so sehr ersehnte Ventil, durch das die angestaute Energie wieder abfließen kann. Vom Druck befreit, tritt sehr bald ein Gefühl der Erleichterung auf.

Pflanzenbotschaft: «Laß die Luft ab und beruhige dich!»

Gegenanzeigen: Nicht während der Schwangerschaft benutzen! Wirkt abortiv!

Petitgrain

Lateinischer Name: Citrus aurantium amara
Pflanzenfamilie: Rautengewächse
Heimat: Ostasien
Gewinnung: Wasserdampfdestillation
Pflanzenteile: Blätter, Zweige, unreife Früchte
Ätherischer Ölgehalt: 1 %
Nötige Pflanzenmenge für 1 kg Essenz: 100 kg Blätter, Zweige und Früchte
Hauptbestandteile: Linalylacetat, Citral, Pyrrol, Furfurol, Camphen, Pinen, Dipenten, Linalool, Nerol, Farnesol, Geraniol

Innere Anwendung: Entspannend, ausgleichend, stimmungsaufhellend, antibakteriell, gedächtnisstärkend.

Bei Magenverstimmung, Nervosität, Angstzuständen.

Äußere Anwendung: Pflegemittel bei fetter, unreiner Haut, als Verdunstung bei Depression und Migräne, in Erfrischungsbädern.

Psychisch-seelische Wirkung: Petitgrainöl entspannt und macht friedlich bei nervösen Beschwerden. Depression und Migräne hellen sich auf und machen heiterem Einverstandensein Platz. Ferner stärkt es die Intuition, das kreative Denken und die klare Wahrnehmungsfähigkeit. Es befreit von begrenzenden Vorstellungen und schenkt liebevolle Gelassenheit.

Pflanzenbotschaft: «Hetz dich nicht ab, das Leben ist so schön!»

Pfeffer

Lateinischer Name: Piper nigrum
Pflanzenfamilie: Pfeffergewächse
Heimat: Südostasien
Gewinnung: Wasserdampfdestillation
Pflanzenteile: Samen
Ätherischer Ölgehalt: 3 %
Nötige Pflanzenmenge für 1 kg Essenz:
30–35 kg getrocknete Samen
Hauptbestandteile: Phellandren, Dipenten,
Caryophyllen, Pinen, Citral, Limonen, Piperin, Chavicin
Innere Anwendung: Antibakteriell, verdauungsfördernd, appetitanregend, durchwärmend, hautreizend, fiebersenkend, krampflösend, blähungstreibend, tonisierend, stimulierend, nierenanregend, milzanregend.

Bei Verdauungsbeschwerden, Halsentzündung, Rheuma, Gicht, Durchblutungsstörungen, Blutarmut.

Äußere Anwendung: Massageöl bei Muskelschmerzen und Rheuma.

Psychisch-seelische Wirkung: Bei Antriebsschwäche und Lustlosigkeit leistet das Pfefferöl gute Dienste. Wenn sich düstere Gedanken, wie: «Es hat ja doch alles keinen Sinn», breitmachen, gibt das Pfefferöl einen kräftigen Kick, diesem Trübsinn nicht zu folgen, sondern das Leben mit beiden Händen anzupacken. Es bringt die gestockte Energie wieder in Fluß. Aber nicht so sehr geeignet für ganz zarte Gemüter.

Pflanzenbotschaft: «Komm, laß dich nicht so hängen!»

Pfefferminze

Lateinischer Name: Mentha piperata
Pflanzenfamilie: Lippenblütler
Kulturpflanze
Gewinnung: Wasserdampfdestillation
Pflanzenteile: Blätter
Ätherischer Ölgehalt: 2 %
Nötige Pflanzenmenge für 1 kg Essenz:
50 kg trockene Blätter
Hauptbestandteile: Menthol, Jasmon, Menthofuran, Menthon
Innere Anwendung: Magenstärkend, krampflösend, schmerzlindernd, Gallefluß anregend, entzündungshemmend, blähungswidrig, menstruationsfördernd, zusammenziehend.
Bei Verdauungsbeschwerden, Kopfschmerzen, Übelkeit, Gallen- und Lebererkrankungen, Durchfall, Asthma, Bronchitis, Schwindel, Herzklopfen, Nasennebenhöhlenentzündung, Erkältung, Zahnschmerzen.
Äußere Anwendung: Inhalation bei allen Erkältungserkrankungen, Waschungen bei Hautparasiten, Einreibung bei Kopfschmerz und Migräne, in Zahnpasten und Mundwässern, Verdunstung gegen Insekten.

Psychisch-seelische Wirkung: Das Pfefferminzöl hat auf die Seele eine Wirkung wie eine frische Meeresbrise. Nebel und Wolken verschwinden, und eine klare Sicht der Dinge stellt sich ein. Es hat eine kristallklare Wirkung, wenn sich Gedanken im Kreise drehen und sich alles dumpf und steckengeblieben anfühlt. Die Weite des Himmels öffnet sich, und der Kopf wird wieder frei.
Pflanzenbotschaft: «Sieh und erkenne!»

Piment

Lateinischer Name: Pimenta dioica
Pflanzenfamilie: Pfeffergewächse
Heimat: Westindien
Gewinnung: Wasserdampfdestillation
Pflanzenteile: Samen
Ätherischer Ölgehalt: 4%
Nötige Pflanzenmenge für 1 kg Essenz:
25 kg getrocknete Samen
Hauptbestandteile: Eugenol, Eugenolmethyläther, Caryophyllen, Phellandren, Cineol
Innere Anwendung: Appetitanregend, magenstärkend, antiseptisch, auswurffördernd, schmerzlindernd, anregend, stoffwechselfördernd, blutdrucksteigernd, durchwärmend.
Bei Schmerzzuständen, Kältegefühl, Erschöpfungszuständen, Schwindelgefühl, Durchblutungsstörungen, Magen- und Darmbeschwerden.
Äußere Anwendung: Badezusatz bei rheumatischen Erkrankungen. Einreibung bei Hautparasiten.
Psychisch-seelische Wirkung: Pimentöl wirkt sehr stark, wenn der Mensch sich aus Angst vor Konfrontationen und Auseinandersetzungen in sein Schneckenhaus zurückgezogen hat und seine

Vision und seinen Weg dadurch nicht mehr weiter verfolgt. Es bringt Feuer und Begeisterung zurück, für die eigene Einzigartigkeit und Freiheit einzutreten, wenn nötig, auch dafür zu kämpfen.

Pflanzenbotschaft: «Geh deinen Weg, ich geb dir Kraft!»

Poleyminze

Lateinischer Name: Mentha pulegium L.

Pflanzenfamilie: Lippenblütler

Heimat: Westlicher Mittelmeerraum

Gewinnung: Wasserdampfdestillation

Pflanzenteile: Blätter

Ätherischer Ölgehalt: 2 %

Nötige Pflanzenmenge für 1 kg Essenz: 50 kg Blätter

Hauptbestandteile: Menthol, Pulegon, Limonen, Dipenten, Pinen

Innere Anwendung: Krampflösend, schmerzlindernd, entzündungshemmend.

Bei Asthma, Gicht, Verdauungsbeschwerden, Erkältungskrankheiten und Hautparasiten.

Äußere Anwendung: Gewürz- und Parfümindustrie.

Psychisch-seelische Wirkung: Poleyöl wirkt wie frischer Wind in den Segeln der Seele. Es macht wach, bewußt und gibt uns Frische und Klarheit für einen Neubeginn.

Pflanzenbotschaft: «Komm, es ist Zeit aufzubrechen.»

Quendel

Lateinischer Name: Thymus serpyllum
Pflanzenfamilie: Lippenblütler
Heimat: Mittel- und Südeuropa
Gewinnung: Wasserdampfdestillation
Pflanzenteile: Kraut
Ätherischer Ölgehalt: 1 %
Nötige Pflanzenmenge für 1 kg Essenz: 100 kg
Hauptbestandteile: Thymol, Carvacrol, Serpyllin, Cymol
Innere Anwendung: Menstruationsfördernd, harntreibend, appetitanregend, krampflösend, schleimlösend, magenstärkend, wurmtreibend.
Äußere Anwendung: Bei Quetschungen und Verrenkungen, Rheuma, entzündeten Wunden, Hals- und Zahnfleischentzündungen, unreiner Haut.
Psychisch-seelische Wirkung: Quendelöl hilft bei Mutlosigkeit und Minderwertigkeitsgefühlen. Es hilft, das innere Feuer wieder zu entfachen, um sich mutig und einsatzfreudig den Problemen und Schwierigkeiten zu stellen.
Pflanzenbotschaft: «Du bist stärker, als du glaubst.»

Rainfarn

Lateinischer Name: Tanacetum vulgare
Pflanzenfamilie: Korbblütler
Heimat: Gemäßigte nördliche Breiten
Gewinnung: Wasserdampfdestillation
Pflanzenteile: Kraut
Ätherischer Ölgehalt: 0,5 %

Nötige Pflanzenmenge für 1 kg Essenz:
200 kg frisches Kraut
Hauptbestandteile: Thujon, Thymol, Chamazulen, Terpene, Campher, Borneol
Innere Anwendung: Wurmtreibend, appetitanregend, durchwärmend, magenstärkend, krampflösend, stärkend.
Bei Migräne, Neuralgien, Darmparasiten, Rheuma.
Äußere Anwendung: Einreibungen bei rheumatischen Erkrankungen, Verdunstung bei Schwächezuständen.
Psychisch-seelische Wirkung: Rainfarnöl wirkt sehr stark kräftigend und anregend. Wenn innerlich schon eigentlich alles klar ist, man aber nicht in der Lage ist, das nach außen umzusetzen, gibt es den entscheidenden Impuls, diese Grauzone zu überspringen und mutig mit der inneren Wahrheit nach außen zu gehen.
Pflanzenbotschaft: Trau dich, was soll schon passieren!»
Gegenanzeigen: Abortiv, nicht während der Schwangerschaft benutzen! Vorsicht, bei Überdosierung giftig!

Raute

Lateinischer Name: Ruta graveolens
Pflanzenfamilie: Rautengewächse
Heimat: Mittel- und Südeuropa
Gewinnung: Wasserdampfdestillation
Pflanzenteile: Blätter
Ätherischer Ölgehalt: 0,1 %
Nötige Pflanzenmenge für 1 kg Essenz: 1000 kg
Hauptbestandteile: Methylketone, Eucalyptol, Pinen, Valeriansäure
Innere Anwendung: Menstruationsfördernd, appetitanregend, uteruswirksam, wurmtreibend, schweißtreibend.

Äußere Anwendung: Umschläge bei Kopf- und Ohrenschmerzen, Verstauchungen, Rheuma. Verdünnt als Gurgelmittel bei Zahnfleischentzündungen und als Mittel gegen Kopfläuse.

Psychisch-seelische Wirkung: Rautenöl hilft, die innere Stabilität zu wahren, besonders zu Zeiten, in denen man heftiger Kritik und Anfechtungen ausgesetzt ist. Es heilt die dadurch entstandenen Wunden und löst die inneren Verkrampfungen.

Pflanzenbotschaft: «Hab Geduld, bald scheint die Sonne wieder.»

Ravensara

Lateinischer Name: Ravensara aromatica
Pflanzenfamilie: Loorbeergewächse
Heimat: Madagaskar
Gewinnung: Wasserdampfdestillation
Pflanzenteile: Blätter
Ätherischer Ölgehalt: 2 %
Nötige Pflanzenmenge für 1 kg Essenz: 50 kg
Hauptbestandteile: Estragol, Terpene
Innere Anwendung: Bei Erkältungskrankheiten, Asthma, Bronchialkatarrh, Zahnfleisch- und Halsentzündungen.
Äußere Anwendung: Zur Wundheilung, bei Hautparasiten und entzündeten Hautstellen.
Psychisch-seelische Wirkung: Ravensaraöl bringt Klarheit, eine deutliche Sicht der Zusammenhänge. Es löst die emotionalen Verstrickungen und schenkt eine wohltuende Distanz.
Pflanzenbotschaft: «Öffne die Augen und sieh.»

Rose

Lateinischer Name:
Rosa damascena, Rosa centifolia
Pflanzenfamilie: Rosengewächse
Heimat: Vorderasien
Gewinnung: Wasserdampfdestillation
Pflanzenteile: Blüten
Ätherischer Ölgehalt: 0,02 %
Nötige Pflanzenmenge für 1 kg Essenz: 5000 kg frische Blüten
Hauptbestandteile: Phenyläthylalkohol, Geraniol, Nerol, Citronellol, Citral, Eugenol, Linalool, Farnesol
Innere Anwendung: Antiseptisch, beruhigend, antidepressiv, Gallefluß fördernd, menstruationsregulierend, aphrodisisch, tonisierend, herzstärkend, krampflösend, wundheilend, hautpflegend, gefäßverengend, abführend, blutstillend, blutreinigend.
Bei nervösen Herzbeschwerden, Menstruationsbeschwerden, Gebärmuttererkrankungen, Augenentzündungen, Kopfschmerz, Migräne, Hauterkrankungen, Herpes, Leberstörungen, Bronchialkatarrh.
Äußere Anwendung: Gurgelmittel bei Zahnfleischentzündung, Augenbad bei Augenentzündung, Einreibung bei Gürtelrose und Ekzemen, Verdunstung bei Depressionen, Hautpflegemittel für jeden Hauttyp, aphrodisisches Körperöl.
Psychisch-seelische Wirkung: Rosenöl wirkt stark antidepressiv und aphrodisisch. Es stellt eine warme, weiche Atmosphäre her, in der Milde, Güte und Verständnis gedeihen können. Das Herz kann sich öffnen für die Liebe zur ganzen Welt. Es entsteht das Bedürfnis, diesen Reichtum und Überfluß weiterzugeben. Bei Eifersuchtsgefühlen hilft es, zu verstehen und zu verzeihen, denn wenn ich selbst so reich und lebend bin, wie sollte ich jemandem etwas mißgönnen.
Pflanzenbotschaft: «Liebe über alle Grenzen hinaus!»

Rosenholz

Lateinischer Name: Aniba rosae odora
Pflanzenfamilie: Lorbeergewächse
Heimat: Südamerika
Gewinnung: Wasserdampfdestillation
Pflanzenteile: Holz
Ätherischer Ölgehalt: 1 %
Nötige Pflanzenmenge für 1 kg Essenz: 100 kg frisches Holz
Hauptbestandteile: Linalool, Cineol, Paramethylacetophenon
Innere Anwendung: Antiseptisch, harmonisierend, blutdrucksenkend, wundheilend, hautberuhigend, nervenstärkend, euphorisierend, tonisierend, schmerzlindernd.
Bei Kopfschmerzen, Verdauungsbeschwerden, Depressionen, Schlafstörungen, Hautkrankheiten.
Äußere Anwendung: Verdunstung bei Angstzuständen, Badezusatz für Entspannungsbäder, in hautberuhigender Kosmetik, Spülungen für dunkles Haar.
Psychisch-seelische Wirkung: Rosenholzöl hat auf Geist und Seele eine ganz stark harmonisierende und ausgleichende Wirkung. Ob man in Antriebslosigkeit verharrt oder total aufgekratzt ist, es stellt das emotionale Gleichgewicht wieder her. Es vertreibt negative Gedanken und Einstellungen und läßt eine gereinigte, freundliche und einladende Atmosphäre entstehen. Es löst seelische Blockaden und Depressionen.
Pflanzenbotschaft: «Ich zeig dir deine Mitte!»

Rosmarin

Lateinischer Name: Rosmarinus officinalis
Pflanzenfamilie: Lippenblütler
Heimat: Mittelmeerländer
Gewinnung: Wasserdampfdestillation
Pflanzenteile: Kraut
Ätherischer Ölgehalt: 2 %
Nötige Pflanzenmenge für 1 kg Essenz: 50 kg frisches Kraut
Hauptbestandteile: Pinen, Camphen, Borneol, Campher, Cineol,
Terpineol, Thymol, Linalool
Innere Anwendung: Herz und Nebennieren anregend, gedächtnis-
fördernd, schweiß- und harntreibend, menstruationsfördernd,
krampflösend, appetitanregend, magenstärkend, verdauungsför-
dernd, durchblutungsfördernd, Gallefluß fördernd, herzstärkend,
blutzuckersenkend.
Bei Erschöpfung, Bronchitis, Erkältung, Husten, Verdauungsbeschwerden, Kopfschmerzen, Migräne, niedrigem Blutdruck, Gedächtnisschwäche, Asthma, Lebererkrankungen, Gallensteinen,
Rheuma, Gicht.
Äußere Anwendung: Kompressen und Waschungen zur Wundheilung. Pflege von unreiner, fettiger Haut. Inhalation bei Grippe, Erkältung, Bronchitis. In Bädern und Massageölen bei rheumatischen
Beschwerden und Muskelschmerzen. In Shampoos und Haarwässern das Haarwachstum anregend und Schuppen beseitigend.
Psychisch-seelische Wirkung: Rosmarinöl ist das anregende und
stärkende Öl schlechthin. Immer, wenn die Ichkräfte zu schwach
sind, Lust, Antrieb, Freude verlorengehen, weckt es auf, schüttelt
dich, muntert dich auf, stärkt den Willen und die Bereitschaft, etwas zu tun. Für alle, die aus Trägheit im Gewohnten verharren,
hilft Rosmarinöl, den inneren Schweinehund zu besiegen. Es gibt
die Klarheit und Kraft, Probleme anzupacken und aus dem Weg zu
räumen.

Pflanzenbotschaft: «Ich bring dich in Schwung!»
Gegenanzeigen: Bei Überdosierung toxische Reaktionen. Schwangere und Epilepsiegefährdete sollten diese Essenz nicht verwenden. Vorsicht bei zu hohem Blutdruck!

Salbei

Lateinischer Name: Salvia officinalis
Pflanzenfamilie: Lippenblütler
Heimat: Mittelmeerraum
Gewinnung: Wasserdampfdestillation
Pflanzenteile: Kraut
Ätherischer Ölgehalt: 2 %
Nötige Pflanzenmenge für 1 kg Essenz: 60 – 80 kg getrocknetes Kraut
Hauptbestandteile: Thujon, Borneol, Cymol, Cineol
Innere Anwendung: Jede Drüsentätigkeit regulierend, antiseptisch, Abwehrkräfte anregend, kräftigend, sedativ, appetitanregend, blutreinigend, entschlackend, harntreibend, schweißtreibend, magenstärkend, blutdrucksteigernd, menstruationsfördernd, milchhemmend, zusammenziehend, wundheilend.
Bei allen Schwächezuständen, Nervosität, Asthma, Bronchitis, Grippe, Infektionskrankheiten, schlecht heilenden Wunden, Appetitlosigkeit, starkem Nachtschweiß, Lymphstau.
Äußere Anwendung: Gurgeln bei Zahnfleisch- und Halsentzündung, Kompresse bei schlecht heilenden Wunden und entzündeter Haut, Einreibung bei rheumatischen Beschwerden, Verdunstung zur vorbeugenden Behandlung von Infektionskrankheiten, Desinfektion von Wohnräumen.
Psychisch-seelische Wirkung: Hilft bei Verzagtheit und Lebensüberdruß, wieder das Vertrauen in die eigene Kraft zu finden. Es

unterstützt die Abwehr von ungünstigen äußeren Einflüssen und begünstigt die selbstheilenden Seelenkräfte des Menschen. Günstig für dünnhäutige Menschen, denen gleich alles unter die Haut geht.

Pflanzenbotschaft: «Ich geb dir Kraft und langes Leben!»
Ein römischer Dichter: «Wie kann der Mensch noch sterben, wenn der Salbei wächst in seinem Garten?»

Gegenanzeigen: Bei Überdosierung können starke Schädigungen des Nervensystems auftreten. Hoher Thujongehalt! Vorsicht bei Epilepsie! Nicht während der Schwangerschaft benutzen! Vorsicht bei hohem Blutdruck!

Sandelholz

Lateinischer Name: Santalum album
Pflanzenfamilie: Sandelholzgewächse
Heimat: Süd- und Südostasien
Gewinnung: Wasserdampfdestillation
Pflanzenteile: Holz
Ätherischer Ölgehalt: 5 %
Nötige Pflanzenmenge für 1 kg Essenz:
20 kg frisches Holz
Hauptbestandteile: Santalol, Santalen, Santen, Santenon, Santalal, Santalon
Innere Anwendung: Desinfizierend, harntreibend, entzündungshemmend, aphrodisisch, auswurffördernd, schleimlösend, Schleimhaut regenerierend, erwärmend.
Bei Atemwegsbeschwerden, Harnwegsinfektionen, Halsentzündung, Bronchitis, Durchfall, Darminfektionen, Blähungen, Kehlkopfentzündungen, Geschlechtskrankheiten, Impotenz.
Äußere Anwendung: Kompressen und Waschungen bei Akne und fetter Haut, Einreibungen bei Hautkrankheiten und Juckreiz, Ver-

dampfung bei Nervosität und innerer Unruhe, als aphrodisisches Massageöl, als Parfümgrundstoff.

Psychisch-seelische Wirkung: Sandelholzöl stärkt die Phantasie und regt die schöpferischen Kräfte an. Es führt über die kleine abgegrenzte Persönlichkeit hinaus in größere Zusammenhänge. Seine Wirkung ist euphorisierend, innere Ruhe und Zufriedenheit schenkend. Es nimmt dem Menschen sanft und fast unmerklich seine Sorgen und Lasten fort. Es ist Balsam für die Seele und weckt spirituelle Energien.

Pflanzenbotschaft: «Ich zeig dir den Weg zu Gott!»

Sassafras

Lateinischer Name: Sassafras albidum
Pflanzenfamilie: Lorbeergewächse
Heimat: Nordamerika
Gewinnung: Wasserdampfdestillation
Pflanzenteile: Holz
Ätherischer Ölgehalt: 2 %
Nötige Pflanzenmenge für 1 kg Essenz:
50 kg frisches Holz
Hauptbestandteile: Safrol, Pinen, Phellandren, Eugenol, Campher, Sesquiterpene
Innere Anwendung: Schmerzstillend, schweißtreibend, harntreibend, anregend, abführend, blutreinigend, stoffwechselfördernd. Bei Gicht, Rheuma, Geschlechtskrankheiten, Blähungen, allgemeiner Schwäche, unterstützend zur Raucherentwöhnung, Menstruationsbeschwerden, Nieren- und Blaseninfektionen.
Äußere Anwendung: Kompressen oder Waschung bei Hautkrankheiten, Zusatz zu Rheumabädern oder -salben, pur auf Insektenstiche.

Psychisch-seelische Wirkung: Sassafrasöl wirkt besonders bei geistiger Schwäche und Antriebslosigkeit. Es erleichtert den Umgang mit materiellen Problemen und fördert einen gesunden Realismus, stärkt die Entscheidungsfähigkeit und gibt Kraft zu den daraus erwachsenden Handlungen.

Pflanzenbotschaft: «Sieh, was ist, und handle danach!»

Gegenanzeigen: Bei Überdosierung toxisch.

Schafgarbe

Lateinischer Name:
Achillea millefolium

Pflanzenfamilie: Korbblütler

Heimat: Gemäßigte nördliche Breiten

Gewinnung: Wasserdampfdestillation

Pflanzenteile: Kraut

Ätherischer Ölgehalt: 0,4 %

Nötige Pflanzenmenge für 1 kg Essenz: 250 kg frische Pflanzen

Hauptbestandteile: Azulen, Chamazulen, Pinen, Limonen, Borneol, Cineol, Caryophyllen

Innere Anwendung: Entkrampfend, desinfizierend, magenstärkend, anregend, entzündungshemmend, krampflösend, blähungswidrig, menstruationsregulierend, blutstillend, blutreinigend.
Bei Verdauungsbeschwerden, Fieber, Grippe, Rheuma, Hämorrhoiden, Krämpfen, Magen- und Darmentzündungen, Appetitlosigkeit, Blasen- und Nierenschwäche, Neuralgien, Kopfschmerzen.

Äußere Anwendung: Waschungen und Auflagen bei schlecht heilenden Wunden, entzündeter Haut, offenen Beinen etc. Als Massageöl bei Cellulite, als Bad oder Einreibung bei rheumatischen Erkrankungen, haarwuchsfördernd in Shampoos und Haarpackungen, Einreibungen bei Krampfadern.

Psychisch-seelische Wirkung: Schafgarbenöl zeigt, daß manchmal eine bittere Situation notwendig ist, um weiterzukommen und zu lernen. Es regt die Seele an, die Situationen, Ängste, Erinnerungen etc. zu verdauen, sich die Erfahrungen einzuverleiben, aber nicht mehr darunter zu leiden. Die Wunde heilt, und die wertfreie Erfahrung bleibt zurück. Schafgarbenöl hilft, ein Gleichgewicht herzustellen.

Pflanzenbotschaft: «Hoch und runter, ich zeig dir die Mitte!»

Sellerie

Lateinischer Name: Apium graveolens
Pflanzenfamilie: Doldenblütler
Heimat: Südeuropa
Gewinnung: Wasserdampfdestillation
Pflanzenteile: Samen
Ätherischer Ölgehalt: 3 %
Nötige Pflanzenmenge für 1 kg Essenz: 30–35 kg
Hauptbestandteile: Limonen, Selinen, Sedanolid, Sesquiterpene
Innere Anwendung: Harntreibend, appetitanregend, verdauungsfördernd, blutreinigend, stoffwechselanregend, kräftigend. Bei Rheuma, Gicht, Erschöpfungszuständen, Blasen- und Nierenleiden.
Äußere Anwendung: Einreibung bei rheumatischen Beschwerden.
Psychisch-seelische Wirkung: Sellerieöl ist für diejenigen Menschen, die eine sehr starke Sehnsucht nach dem Wasser haben, sich aber nicht naß machen wollen. Menschen, die Tausende von Vorstellungen und Ideen haben, diese aber nur sehr ungenügend umsetzen können. Hier schenkt das Sellerieöl die Kraft und das Durchhaltevermögen, die Ideen auch auszuführen und die damit verbundenen Schwierigkeiten zu bewältigen.
Pflanzenbotschaft: «Ich geb dir Kraft und Wurzeln!»

Siamholz

Lateinischer Name: Fokienia Hodginsii
Pflanzenfamilie: Coniferengewächse
Heimat: Indochina
Gewinnung: Wasserdampfdestillation
Pflanzenteile: Holz
Ätherischer Ölgehalt: 6–10%
Nötige Pflanzenmenge für 1 kg Essenz: 15 kg
Hauptbestandteile: Fokienol, Sesquiterpenketone
Innere Anwendung: Adstringens, bei Blasen- und Harnwegsinfektionen.
Äußere Anwendung: Bei Cellulite und Hämorrhoiden.
Psychisch-seelische Wirkung: Siamholz gibt Halt und Standfestigkeit. Wenn es notwendig ist, seine Überzeugung anderen gegenüber durchzusetzen, hilft es, die negativen Reaktionen zu bewältigen.
Pflanzenbotschaft: «Laß dich nicht erschüttern, geh deinen Weg.»

Spik

Lateinischer Name: Lavandula latifolia
Pflanzenfamilie: Lippenblütler
Heimat: Mittelmeerländer
Gewinnung: Wasserdampfdestillation
Pflanzenteile: Blühendes Kraut
Ätherischer Ölgehalt: 1 %
Nötige Pflanzenmenge für 1 kg Essenz: 100 kg
Hauptbestandteile: Campher, Borneol, Camphen, Pinen, Linalool, Terpineol, Geraniol, Hexanol, Cumarin
Anwendung und Wirkung wie Lavendel

Sternanis

Lateinischer Name: Illicium verum
Pflanzenfamilie: Doldenblütler
Heimat: Ost- und Südostasien
Gewinnung: Wasserdampfdestillation
Pflanzenteile: Samen
Ätherischer Ölgehalt: 5 %
Nötige Pflanzenmenge für 1 kg Essenz: 20 kg getrocknete Samen
Hauptbestandteile: Anethol, Limonen, Safrol, Anisketon, Pinen,
Cymol, Cineol, Terpineol, Phellandren
Anwendung und Wirkung wie Anis

Styrax

Lateinischer Name: Liquidambar orientalis
Pflanzenfamilie: Hamamelisgewächse
Heimat: Östl. Mittelmeerraum,
Var. in Nordamerika
Gewinnung: Alkoholauszug
Pflanzenteile: Harz
Ätherischer Ölgehalt: 7 %
Nötige Pflanzenmenge für 1 kg Essenz: 15 kg Harz
Hauptbestandteile: Styrol, Vanillin, Styrocamphen
Innere Anwendung: Beruhigend, balsamisch, wundheilend, husten-
stillend, keimtötend, entzündungswidrig, zusammenziehend, aus-
wurffördernd.
Bei Bronchitis, Husten, Keuchhusten, Nervosität, Nervenschmer-
zen, Entzündungen im Mund- und Rachenraum, Menstruationsbe-
schwerden.

Äußere Anwendung: Waschungen und Auflagen bei schlecht-heilenden Wunden. Einreibemittel bei Hautparasiten. Gurgelmittel bei Zahnfleischentzündungen.

Psychisch-seelische Wirkung: Styraxöl stärkt das Selbstvertrauen und macht ehrgeizig im positiven Sinn. Es löst seelische Verspannungen auf, gleicht Hysterie und Paranoia aus und wirkt harmonisierend bei Ärger und Reizbarkeit.

Pflanzenbotschaft: «Ich streichle deine Nerven!»

Tabak

Lateinischer Name: Nicotiana affinis
Pflanzenfamilie: Nachtschattengewächse
Heimat: Mittelamerika
Gewinnung: Alkoholextraktion
Pflanzenteile: Blätter
Ätherischer Ölgehalt: 0,4 % Concrète, daraus 60 % absolue
Nötige Pflanzenmenge für 1 kg Essenz: 450 kg
Hauptbestandteile: Nicotin, Nicotimin, Nicozein, Nicotellin, Nicotoin, Borneol, Linalool, Methylsalicylat
Innere Anwendung: Bei Epilepsie, Seekrankheit, Neuralgien, gegen Würmer.
Äußere Anwendung: Bei Muskelschmerzen, Neuralgien und Durchblutungsstörungen.
Psychisch-seelische Wirkung: Tabaköl hat eine stimulierende, leicht berauschende Wirkung, bis hin zur Euphorie. Es hilft, in trüben Situationen wieder Glanz und Schönheit des Universums zu sehen und sich daran zu erhellen.
Pflanzenbotschaft: «Du lebst, genieß es.»

Tagetes
(Studentenblume)

Lateinischer Name:
Tagetes patula und Tagetes glandulifera
Pflanzenfamilie: Korbblütler
Heimat: Südamerika, Afrika
Gewinnung: Wasserdampfdestillation
Pflanzenteile: Die blühende Pflanze,
bei glandulifera Samen
Ätherischer Ölgehalt: 0,4 %
Nötige Pflanzenmenge für 1 kg Essenz: 250 kg
Hauptbestandteile: Quercetagetin, Helenien, Tageton
Innere Anwendung: Gegen Nachtblindheit.
Äußere Anwendung: Als blumige Komponente in Parfüms. Bei Verspannungen und Nervosität.
Psychisch-seelische Wirkung: Tagetesöl wirkt erheiternd und erwärmend auf die Seele. Es hilft, die Geschehnisse des Lebens gelassener aufzunehmen und allem die sonnige und lustige Seite abzugewinnen.
Pflanzenbotschaft: «Die Sonne strahlt, lach mit.»

Tea Tree

Lateinischer Name: Melaleuca alternifolia
Pflanzenfamilie: Myrtengewächse
Heimat: Australien, Malaysia, Philippinen, Java
Gewinnung: Wasserdampfdestillation
Pflanzenteile: Blätter
Ätherischer Ölgehalt: 2 %
Nötige Pflanzenmenge für 1 kg Essenz: 50 kg frische Blätter

Hauptbestandteile: Terpineol, Terpene, Cineol, Pinen

Innere Anwendung: Keimtötend, infektionshemmend, wundheilend, schweißtreibend. Bei Infektionskrankheiten, Pilzbefall geschwächtem Immunsystem, Atemwegserkrankungen.

Äußere Anwendung: Bei Fußpilz und Herpes unverdünnt auftragen, pur auf Insektenstiche, Waschungen bei Akne, Scheidenspülungen bei Pilzbefall, Waschungen und Kompressen bei schlecht heilenden Wunden, Badezusatz bei Erkältungen.

Psychisch-seelische Wirkung: Tea Tree-Öl ist angeraten bei Konzentrationsschwäche und Entscheidungsunfähigkeit. Es unterstützt das logische Denken und zielgerichtetes Handeln. Es wirkt kühlend und lindernd bei Hitzköpfen und erregten Gemütern.

Pflanzenbotschaft: «Ich geb dir eine klare Sicht der Welt!»

Terpentin

Lateinischer Name: Pinus pineaster

Pflanzenfamilie: Kieferngewächse

Heimat: Gemäßigte nördliche Breiten

Gewinnung: Alkoholauszug

Pflanzenteile: Harz

Ätherischer Ölgehalt: 7 %

Nötige Pflanzenmenge für 1 kg Essenz: 15 kg

Hauptbestandteile: Pinen, Dipenten, Limonen, Aceton, Camphen, Cineol, Terpineol, Tannin

Äußere Anwendung: Einreibungen bei Rheuma, Gicht und Neuralgien, Waschungen und Kompressen bei Hauterkrankungen.

Psychisch-seelische Wirkung: Terpentinöl wirkt gehirnstärkend, fördert klares Denken und belebt den Geist.

Pflanzenbotschaft: «Ich bin der frische Wind für deinen Geist!»

Gegenanzeigen: Dämpfe toxisch, nicht innerlich einnehmen.

Thuja
(Lebensbaum)

Lateinischer Name: Thuja occidentalis
Pflanzenfamilie: Zypressengewächse
Heimat: Nordamerika
Gewinnung: Wasserdampfdestillation
Pflanzenteile: Zweige
Ätherischer Ölgehalt: 2 %
Nötige Pflanzenmenge für 1 kg Essenz: 50 kg
Hauptbestandteile: Thujon, Borneol, Fenchon, Pinen, Campher, Sabinen
Innere Anwendung: Schleimlösend, harntreibend, schweißtreibend, wurmtreibend, auswurffördernd, antirheumatisch.
Bei Blasen- und Harnwegsinfektionen, Prostatavergrößerung, Rheuma, Darmparasiten.
Äußere Anwendung: Pur auf Warzen, Gurgelmittel bei Halsentzündungen.
Psychisch-seelische Wirkung: Thujaöl konfrontiert uns ganz stark mit dem Sinn unseres Lebens, mit den Kernfragen nach Leben und Tod. Es führt uns zu unseren Wurzeln, zur Einkehr, zum Innehalten. Deshalb ist es angezeigt bei geistiger Verwirrung, Ruhelosigkeit, Überreiztheit, Streß etc. Immer dort, wo es nötig ist, eine Pause einzulegen, sich zu besinnen und neue Kraft zu schöpfen. Es wirkt wie ein erholsamer Urlaub oder ein tiefer traumloser Schlaf, aus dem man zu neuen Taten erfrischt und gestärkt erwacht.
Pflanzenbotschaft: «Geh in dich und sammle dich!»
Gegenanzeigen: Bei Überdosierung kann es zu starken Schädigungen des Nervensystems kommen. Nicht anwenden bei Neigung zur Epilepsie! Abortiv.

Thymian

Lateinischer Name: Thymus vulgaris
Pflanzenfamilie: Lippenblütler
Heimat: Mittelmeerraum
Gewinnung: Wasserdampfdestillation
Pflanzenteile: Kraut
Ätherischer Ölgehalt: 3 %
Nötige Pflanzenmenge für 1 kg Essenz: 30–35 kg blühendes Kraut
Hauptbestandteile: Thymol, Carvacrol, Cymol, Pinen, Menthen, Borneol, Linalool, Cineol
Innere Anwendung: Anregend, desinfizierend, appetitanregend, blutdrucksteigernd, krampflösend, magenstärkend, wurmtreibend, schleimlösend, nervenstärkend, harntreibend, schweißtreibend, menstruationsfördernd, leicht betäubend, Bildung von weißen Blutkörperchen anregend.
Bei Nervenschwäche, Immunschwäche, Erschöpfungszuständen, Keuchhusten, Bronchitis, Asthma, Tuberkulose, Erkältungskrankheiten, Kreislaufstörungen, Lungenerkrankungen, Verdauungsbeschwerden, Magen- und Darminfektionen, Rheuma, Schlaflosigkeit, Blutarmut.
Äußere Anwendung: Verdunstung bei drohenden Infektionskrankheiten, Kompressen bei infizierten Wunden, Einreibungen und Bäder bei rheumatischen Beschwerden, Gurgelmittel bei Hals- und Zahnfleischentzündungen, pur auf Herpesbläschen, Pickel und Insektenstiche, Waschungen und Kompressen bei Akne.
Psychisch-seelische Wirkung: Thymianöl wirkt hervorragend bei allen seelischen Schwächezuständen. Es schenkt einen starken Willen, den Mut zur Tat, aber auch Wärme und Mitgefühl für andere.
Pflanzenbotschaft: «Ich geb dir Stärke und ein weites Herz!»
Gegenanzeigen: Bei Überdosierung toxische Reaktionen. Es kann zu Schweißausbrüchen und Übelkeit kommen. Vorsicht bei Schilddrüsenüberfunktion! Vorsicht bei zu hohem Blutdruck!

Tolubalsam

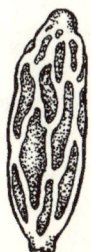

Lateinischer Name:
Myroxylon balsamum (L.) Hanns
Pflanzenfamilie: Schmetterlingsblütler
Heimat: Mittel- und Südamerika
Gewinnung: Wasserdampfdestillation
Pflanzenteile: Harz
Ätherischer Ölgehalt: 7 %
Nötige Pflanzenmenge für 1 kg Essenz: 14 kg Harz
Hauptbestandteile: Zimtsäureester des Toluresinatannols, Zimtsäure, Benzoesäure, Farnesol, Phellandren
Innere Anwendung: Bei chronischer Bronchitis und anderen Erkrankungen der Atemwege.
Äußere Anwendung: Zur Wundheilung, entzündungshemmend bei tuberkulösen Geschwüren, bei Frostbeulen und Hautparasiten. Als Fixativ in der Parfümindustrie.
Psychisch-seelische Wirkung: Tolubalsamöl gilt als tröstend bei allen Enttäuschungen und Verlusten, es schenkt ein Gefühl der Geborgenheit, des Zuhauseseins in den Armen einer geliebten Mutter, des süßen Vergessens.
Pflanzenbotschaft: «Ich nehm dich an, so wie du bist.»

Tonkabohne

Lateinischer Name: Dipteryx odorata
Pflanzenfamilie: Schmetterlingsblütler
Heimat: Südamerika
Gewinnung: Alkoholauszug
Pflanzenteile: Samen
Ätherischer Ölgehalt: 2 %

Nötige Pflanzenmenge für 1 kg Essenz: 50 kg
Hauptbestandteile: Cumarin, Lupeol, Betulin
Innere Anwendung: Stimmungsaufhellend, harmonisierend, beruhigend.
Bei Nervosität, Menstruationsbeschwerden, Neuralgien.
Äußere Anwendung: Als aphrodisisches Massageöl. Als Parfümgrundstoff.
Psychisch-seelische Wirkung: Tonkabohnenöl ist der Inbegriff von den Gefühlen, die mit den Worten: warm, süß, Karamell, Vanille verbunden sind. Es wirkt wärmend, aufnehmend, euphorisierend, antidepressiv, aphrodisisch, läßt alles heiter, gelassen und freundlich erscheinen. Ein kleines Stück vom Schlaraffenland, wo man keinen Finger rühren muß, und die Sojaburger fliegen einem in den Mund.
Pflanzenbotschaft: «Entspann dich und genieß das Leben!»

Tuberose

Lateinischer Name: Polianthes tuberosa
Pflanzenfamilie: Amaryllisgewächse
Heimat: Mittelamerika
Gewinnung: Alkoholauszug
Pflanzenteile: Blüten
Ätherischer Ölgehalt: 0,1 %
Nötige Pflanzenmenge für 1 kg Essenz:
1000 kg frische Blüten
Hauptbestandteile: Anthranilsäuremethylester, Benzylalkohol
Innere Anwendung: Entspannend, beruhigend, euphorisiernd, aphrodisisch. Bei Frigidität, Impotenz, nervösen Spannungen.
Äußere Anwendung: In aphrodisischen Bädern und Massageölen. Als Parfümgrundstoff.

Psychisch-seelische Wirkung: Tuberosenöl ist der Inbegriff von betörender Sinnlichkeit. Es ist eine Einladung in die Welt der Sinne, Tagträume und Zärtlichkeit. Umhüllend, schwebend, halb wachend, halb träumend, fließend, hingegeben, genießend. Eine schwere Süße löst uns aus dem Alltag, verzaubert uns und führt uns in orientalische Paläste, in die Märchen von 1001 Nacht.
Pflanzenbotschaft: «Fühle und genieße!»

Vanille

Lateinischer Name: Vanilla planifolia
Pflanzenfamilie: Orchideengewächse
Heimat: Mittel- und Südamerika
Gewinnung: Alkoholauszug
Pflanzenteile: Samen
Ätherischer Ölgehalt: 3 %
Nötige Pflanzenmenge für 1 kg Essenz:
30–35 kg
Hauptbestandteile: Vanillin, Vanillylalkohol, Cumarin
Innere Anwendung: Menstruationsfördernd, beruhigend, entspannend, aphrodisierend.
Bei Nervosität, Frustration, sexuellen Schwierigkeiten.
Äußere Anwendung: In aphrodisischen Massage- und Badeölen.
Psychisch-seelische Wirkung: Kaum ein anderes Öl hat eine solch besänftigende und beruhigende Wirkung auf Ärger, Zorn, Frustration, Angst etc. Beim Geruch von Vanilleöl kann eigentlich niemand böse bleiben oder werden. Süße Genüsse wie Schokolade, Pudding und Eiscreme tauchen auf und gewinnen uns für die sonnige Seite des Lebens. Es ist die Essenz die uns in die Kindheit zurückführt.
Pflanzenbotschaft: «Das Leben ist zum Genießen da!»

Veilchen

*Nicht zu verwechseln mit dem Irisöl,
das auch den Namen Veilchenwurzelöl
(engl. orris rootoil) trägt.*

Lateinischer Name: Viola odorata
Pflanzenfamilie: Veilchengewächse
Heimat: Europa
Gewinnung: Alkoholauszug
Pflanzenteile: Wurzel, blühendes Kraut
Ätherischer Ölgehalt: 0,02 %
Nötige Pflanzenmenge für 1 kg Essenz: 5000 kg
Hauptbestandteile: Violutosid, Odoratin, Violin, Nitropropinsäure,
Cyanin, Salicylsäure
Innere Anwendung: Antiseptisch, wundheilend, schmerzstillend,
auswurffördernd, pilzhemmend, abführend, blutreinigend.
Bei Rheuma, Keuchhusten, Husten, Bronchitis, Drüsenschwellun-
gen, Blasenleiden.
Äußere Anwendung: Als Auflage bei Hautleiden. Als Parfümgrund-
stoff.
Psychisch-seelische Wirkung: Veilchenöl wirkt extrem schmerz-
und wundheilend auf die Seele. Nach seelischen Schocks und Ver-
letzungen lindert es die Schmerzen erheblich. Es tröstet bei Verlusten, Trennungen und anderen Schicksalsschlägen. Ja sogar Selbst-
mordgedanken werden beschwichtigt. In kindlicher, unschuldiger
Weise nimmt es der seelischen Nacht ihre Schwärze.
Pflanzenbotschaft: «Komm her, ich tröste dich!»

Verbene
(Eisenkraut)

Lateinischer Name: Lippia citriodora Kunth.
Pflanzenfamilie: Verbenengewächse
Heimat: Mittel- und Südamerika
Gewinnung: Wasserdampfdestillation
Pflanzenteile: Kraut
Ätherischer Ölgehalt: 0,2 %
Nötige Pflanzenmenge für 1 kg Essenz: 500 kg
Hauptbestandteile: Limonen, Geraniol, Citral, Sesquiterpene, Myrcen
Innere Anwendung: Krampflösend, verdauungsfördernd, schlaffördernd, magenstärkend, antiseptisch.
Bei Schlafstörungen, Magen- und Darmbeschwerden, Nervosität, Koliken, Krämpfen.
Äußere Anwendung: Zusatz für schlaffördernde Bäder.
Psychisch-seelische Wirkung: Nach den Aufregungen des Tages nimmt das Verbenenöl Streß und Unruhe von uns. Es entspannt und beruhigt die Gedanken, die sich immer im Kreise drehen. Der erste Effekt ist reinigend und erfrischend, der zweite beruhigend.
Pflanzenbotschaft: «Ich wasch dich rein und schenk dir Ruh!»

Vetiver

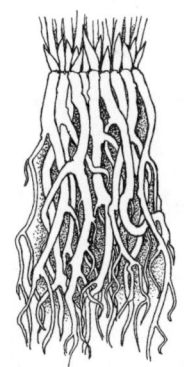

Lateinischer Name: Vetiveria zizanoides
Pflanzenfamilie: Gräser
Heimat: Tropisches Asien
Gewinnung: Wasserdampfdestillation
Pflanzenteile: Wurzeln
Ätherischer Ölgehalt: 2 %

Nötige Pflanzenmenge für 1 kg Essenz: 50 kg getrocknete Wurzeln
Hauptbestandteile: Vetiveron, Vetiron, Vetivazulen, Furfurol, Benzoesäure, Palmitinsäure
Innere Anwendung: Schweißtreibend, antiseptisch, verdauungsfördernd, nervenstärkend. Bei Nervosität, Depressionen.
Äußere Anwendung: Aphrodisisches Massageöl, Hautpflege bei alternder, müder Haut, bei Verdunstung insektenabweisend, als Parfümgrundstoff.
Psychisch-seelische Wirkung: Vetiveröl bringt den Menschen in Verbindung mit den Erdkräften, aus denen er Regeneration und Stärkung erfährt. Für abgehobene Phantasten, die den Kontakt zu ihren Wurzeln verloren haben, ein ideales Öl. Es bringt uns wieder stark in Verbindung mit unserem eigenen Körper und dabei auch mit unserer Sexualität. Dies geschieht auf eine starke, ruhige und erdverbundene Art.
Pflanzenbotschaft: «Spür die Kraft, die in dir steckt!»

Wacholder

Lateinischer Name: Juniperus communis u. a.
Pflanzenfamilie: Zypressengewächse
Heimat: Weltweit verbreitet
Gewinnung: Wasserdampfdestillation
Pflanzenteile: Holz, Beeren
Ätherischer Ölgehalt: 3 %
Nötige Pflanzenmenge für 1 kg Essenz: 30–35 kg
Hauptbestandteile: Pinen, Sabinen, Camphen, Cadinen, Juniperol, Terpineol, Juniperin, Junen
Innere Anwendung: Belebend, anregend, Harnsäure lösend, antiseptisch, magenstärkend, blutreinigend, schlaffördernd, wassertreibend, menstruationsfördernd, durchblutungsfördernd, blutdrucksteigernd, appetitanregend, entgiftend.

Bei Rheuma, Arthritis, Blasenentzündungen, Harnsteinen, Erkältungskrankheiten, Atemwegsbeschwerden, Hämorrhoiden, Diabetes, Arterienverkalkung, Darminfektionen, Menstruationsbeschwerden, Nierensteinen, Leberentzündung.

Äußere Anwendung: Waschungen und Kompressen bei Hautentzündungen, Einreibung bei rheumatischen Beschwerden und Cellulite, Bäder bei Menstruationsbeschwerden, Inhalation bei Infektionskrankheiten.

Psychisch-seelische Wirkung: Wacholderöl gibt innere Stärke und Zuversicht. Es hilft ganz besonders an den Tagen, wo überhaupt nichts klappt und man am liebsten alles hinwerfen möchte. Es hilft uns, Emotionen loszulassen, die uns abhängig machen und versklaven. Das Gefühlsleben verliert seine krankhafte Dominanz und gliedert sich wieder als Teilaspekt in den gesamten Seelenhaushalt ein. Es reinigt die Gefühlswelt, wenn man von anderen Menschen «schlechte Schwingungen» abbekommen hat.

Pflanzenbotschaft: «Stark und ruhig kannst du in's Leben gehen!»

Gegenanzeigen: Nicht während der Schwangerschaft benutzen!

Weihrauch
(Olibanum)

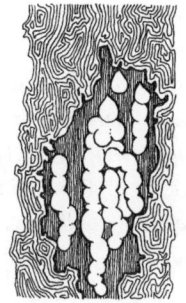

Lateinischer Name: Boswellia thurifera u. a.
Pflanzenfamilie: Balsambaumgewächse
Heimat: Südarabien und gegenüberliegende afrikanische Küste
Gewinnung: Alkoholauszug
Pflanzenteile: Harz
Ätherischer Ölgehalt: 5–10 %
Nötige Pflanzenmenge für 1 kg Essenz: 10–15 kg
Hauptbestandteile: Pinen, Dipenten, Phellandren, Olibanol

Innere Anwendung: Antiseptisch, zusammenziehend, sedativ, hautpflegend, uteruswirksam, gefäßverengend, verdauungsfördernd,
harntreibend.

Bei Bronchitis, Schnupfen, Stirnhöhlenkatarrh, Husten, Kehlkopfentzündung, Harnwegsinfektionen, Nierenleiden, Asthma.

Äußere Anwendung: Waschungen und Auflagen bei eiternden
Wunden. Hautpflege bei alternder Haut. Verdunstung zur Meditation.

Psychisch-seelische Wirkung: Weihrauchöl schlägt eine Brücke
von der materiellen zur spirituellen Welt. Es öffnet die Seele für
größere Zusammenhänge und schenkt Staunen und Ehrfurcht vor
dem «Wunder Leben». Es schenkt Verstehen für die Lebensgesetze
und fördert die Meditation.

Pflanzenbotschaft: «Ich schenke heiliges Verstehen!»

Wermut

Lateinischer Name: Artemisia absinthium
Pflanzenfamilie: Korbblütler
Heimat: Mittelmeerraum, Vorderasien
Gewinnung: Wasserdampfdestillation
Pflanzenteile: Kraut
Ätherischer Ölgehalt: 1 %
Nötige Pflanzenmenge für 1 kg Essenz: 100 kg frisches Kraut
Hauptbestandteile: Thujol, Absinthol, Phellandren, Cadinen, Azu-
len, Cineol, Pinen, Salicylsäure
Innere Anwendung: Entzündungshemmend, verdauungsfördernd,
appetitanregend, magenstärkend, menstruationsfördernd, krampflö-
send, wurmtreibend.

Bei Durchblutungsstörungen, Durchfall, Magen- und Darminfektionen, Koliken, Krämpfen, Rheuma, Darmparasiten.

Äußere Anwendung: Massageöl zur besseren Durchblutung. Einreibungen bei Pilzbefall. Gurgelmittel bei Mund- und Racheninfektionen.

Psychisch-seelische Wirkung: Wermutöl hilft in der tiefen Nacht der Seele, wenn sie so stark überlastet war, daß sie sich total isoliert hat. Es regt den gesamten Fluß der Lebensenergie wieder an. Die konzentrierte Kraft des Wermutöles führt wieder heraus aus Dunkelheit und Verbitterung, hin zur Sonne und Süße des Lebens.

Pflanzenbotschaft: «Das Bittere führt hin zur Süße!»

Gegenanzeigen: Bei Überdosierung toxische Reaktionen. Bei Schwangerschaft abortiv wirkend! Vorsicht! Epilepsiegefährdete Menschen sollten dieses Öl meiden!

Wiesenkönigin

Lateinischer Name: Spirea ulmaria
Pflanzenfamilie: Rosengewächse
Heimat: Gemäßigte nördliche Breiten
Gewinnung: Wasserdampfdestillation
Pflanzenteile: Die blühende Pflanze
Ätherischer Ölgehalt: 0,2 %
Nötige Pflanzenmenge für 1 kg Essenz: 500 kg
Hauptbestandteile: Gaultherin, Spiraein, Salicylaldehyd, Vanillin, Heliotropin
Innere Anwendung: Harnsäurelösend, verdauungsfördernd, zusammenziehend, krampfstillend, harntreibend, blutreinigend.
Bei Gicht, Rheuma, Wassersucht.
Äußere Anwendung: Einreibung bei nervösen Verdauungsbeschwerden. Bei Hautleiden und schlecht heilenden Wunden.
Psychisch-seelische Wirkung: Wiesenköniginöl ist das «Reini-

gungsöl» für die Seele. Wenn dunkle Wolken die Lebenssonne verdecken, unbewältigte Vergangenheit, schlechtes Gewissen und negative Gefühle das Lebenslicht verdunkeln, hilft dieses Öl, wieder mit sich und der Welt ins reine zu kommen.

Pflanzenbotschaft: «Deine Heimat ist das Licht.»

Wintergreen

Lateinischer Name: Gaultheria procumbens
Pflanzenfamilie: Erikagewächse
Heimat: Nordamerika
Gewinnung: Wasserdampfdestillation
Pflanzenteile: Blätter
Ätherischer Ölgehalt: 0,8 %
Nötige Pflanzenmenge für 1 kg Essenz: 125 kg getrocknete Blätter
Hauptbestandteile: Methylsalicylat, Triacontan, Ketone, Ester
Innere Anwendung: Appetitanregend, verdauungsfördernd, tonisierend, antirheumatisch, durchblutungsfördernd, antiseptisch.
Bei Magen- und Darmschwäche, Rheuma, Gicht, mangelnder Durchblutung.
Äußere Anwendung: Einreibung bei rheumatischen Beschwerden. Sportöl zur Massage vor Belastungen.
Psychisch-seelische Wirkung: Wintergreenöl ist angesagt bei geistiger Trägheit und Erstarrung. Wenn aus Bequemlichkeit oder Ignoranz unzählige Vorurteile bestehen und der Mensch die Bereitschaft verloren hat, unvoreingenommen Situationen und Meinungen auf sich wirken zu lassen, gibt ihm Wintergreenöl die Chance, sein Schablonendenken und -fühlen aufzugeben.
Pflanzenbotschaft: «Das Leben ist immer neu, vergiß deine alten Muster!»

Wurmsamen

Lateinischer Name: Chenopodium anthelminticum
Pflanzenfamilie: Gänsefußgewächse
Heimat: Nord- und Mittelamerika
Gewinnung: Wasserdampfdestillation
Pflanzenteile: Kraut
Ätherischer Ölgehalt: 1 %
Nötige Pflanzenmenge für 1 kg Essenz: 100 kg blühendes Kraut
Hauptbestandteile: Ascaridol, Cymol, Terpinen, Limonen, Camphen, Safrol
Innere Anwendung: Wurmtreibend, abführend, magenstärkend. Bei Darmparasiten (Spul-, Haken- und Fadenwürmern), Verdauungsschwäche, Nervosität.
Äußere Anwendung: Einreibung bei Hautparasiten.
Psychisch-seelische Wirkung: Wurmsamenöl vertreibt all die negativen dunklen Wolken, welche die Seele beschatten, so zum Beispiel Wut, Geiz, Eifersucht, Neid, Ablehnung, Vorurteile, Überheblichkeit etc. Dies geschieht auf sehr direkte und kräftige Art. Nicht geeignet für zarte Gemüter.
Pflanzenbotschaft: «Ich entsorg dir deinen Seelenmüll!»
Gegenanzeigen: Bei Überdosierung toxisch.

Ylang-Ylang

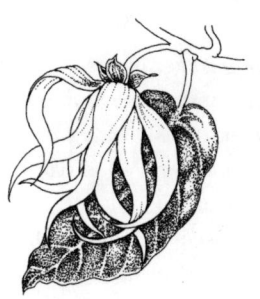

Lateinischer Name: Cananga odorata
Pflanzenfamilie: Magnoliengewächse
Heimat: Philippinen
Gewinnung: Wasserdampfdestillation
Pflanzenteile: Blüten
Ätherischer Ölgehalt: 2 %

Nötige Pflanzenmenge für 1 kg Essenz: 50 kg frische Blüten

Hauptbestandteile: Linalool, Safrol, Eugenol, Geraniol, Pinen, Sesquiterpene, Cadinen

Innere Anwendung: Beruhigend, blutdrucksenkend, aphrodisisch, atem- und herzfrequenzsenkend.

Bei Schlaflosigkeit, Nervosität, Impotenz, Darminfektionen, Bluthochdruck, Menstruationsbeschwerden, Krämpfen.

Äußere Anwendung: Zur Gesichtspflege bei fetter Haut, als aphrodisischer Badezusatz und Parfümgrundstoff, als Verdampfung zum Entspannen und Träumen.

Psychisch-seelische Wirkung: Ylang-Ylang-Öl schenkt Geborgenheit und Vertrauen. Das Gefühl, sich vollkommen fallenlassen zu können.

Es öffnet die Schranken, hinter denen die Emotionen eingesperrt sind. Lachen, Weinen, alles kann wieder fließen, für alles ist plötzlich wieder Raum und Möglichkeit. Die Stimmung wird heller, leichter, ausgelassener, machmal sogar euphorisch. Es verbreitet eine weiche, süße, erotische Stimmung. Das Lieblingsöl für tantrische Rituale.

Pflanzenbotschaft: «Laß dich fallen und genieße!»

Gegenanzeigen: Bei Überdosierung können Übelkeit und Kopfschmerzen auftreten.

Ysop

Lateinischer Name: Hyssopus officinalis

Pflanzenfamilie: Lippenblütler

Heimat: Östl. Mittelmeerraum, Vorderasien

Gewinnung: Wasserdampfdestillation

Pflanzenteile: Blätter

Ätherischer Ölgehalt: 0,5 %

Nötige Pflanzenmenge für 1 kg Essenz: 200 kg frische Pflanzen

Hauptbestandteile: Pinocamphen, Pinen, Sesquiterpene
Innere Anwendung: Beruhigend, entzündungshemmend, verdauungsfördernd, auswurffördernd, blutdrucksteigernd, magenstärkend, wurmtreibend, schleimlösend, menstruationsfördernd, herzstärkend, blutreinigend.
Bei Husten, Erkältung, Bronchitis, Asthma, Halsentzündung, Magenbeschwerden, Heuschnupfen, Appetitlosigkeit, Rheuma, Harnsteinen.
Äußere Anwendung: Wundheilend als Waschung oder Kompresse. Einreibung bei Ekzemen und Geschwüren, als Verdunstung bei Infektionskrankheiten.
Psychisch-seelische Wirkung: Wenn die Seele in innerer und äußerer Kälte erstarrt, hilft Ysopöl, das Eis zu schmelzen und die Wärme des eigenen Herzens wieder spürbar zu machen. Ysopöl ist konzentrationsfördernd, es eignet sich, um Schwierigkeiten und wirre Gedanken zu klären.
Pflanzenbotschaft: «Ich helfe dir, dein Chaos zu ordnen!»
Gegenanzeigen: Vorsicht bei Neigung zu Epilepsie! Nicht während der Schwangerschaft benutzen! Vorsicht bei zu hohem Blutdruck!

Zeder

Lateinischer Name: Juniperus virginiana
Pflanzenfamilie: Zypressengewächse
Heimat: Mittel- und Nordamerika,
Mittelmeergebiet
Gewinnung: Wasserdampfdestillation
Pflanzenteile: Holz
Ätherischer Ölgehalt: 3–4%
Nötige Pflanzenmenge für 1 kg Essenz: 30 kg
Hauptbestandteile: Cedren, Cedrol, Cedranol, Terpene

Innere Anwendung: Nervenberuhigend, kräftigend, entzündungshemmend, auswurffördernd. Bei Atem- und Harnwegsinfekten,
Nervenschmerzen, Hautentzündungen.

Äußere Anwendung: Kompressen oder Waschungen bei Hauterkrankungen wirken sehr balsamisch und hautberuhigend, in Kos-
metika für Männer, zur Insektenabwehr als Verdunstung oder im
Wäscheschrank. Holzwürmer meiden Zedernholz.

Psychisch-seelische Wirkung: Bei starker Nervosität und Aufge-
kratztsein wirkt Zedernholzöl beruhigend und besänftigend. Für
dünnhäutige Menschen, die in dieser stark materiellen und rauhen
Welt einen zusätzlichen Schutzmantel brauchen. Es erdet, wenn
wir an mehreren Luftschlössern gleichzeitig bauen.

Pflanzenbotschaft: «Nimm dir Zeit, wende dich nach innen, da ist
deine Heimat!»

Zimt

Lateinischer Name: Cinnamomum
ceylanici
Pflanzenfamilie: Lorbeergewächse
Heimat: Sri Lanka, Indien
Gewinnung: Wasserdampfdestillation
Pflanzenteile: Rinde, Blätter, Blüten
Ätherischer Ölgehalt: 1,25 %
Nötige Pflanzenmenge für 1 kg Essenz: 80 kg
Hauptbestandteile: Zimtaldehyd, Eugenol, Furfurol, Benzaldehyd,
Caryophyllen, Phellandren, Pinen, Cymol
Innere Anwendung: Magen- und herzstärkend, anregend, durch-
wärmend, verdauungsfördernd, krampflösend, blutstillend, antisep-
tisch, durchblutungsfördernd, wurmtreibend, adstringierend, men-
struationsfördernd.

Bei Schwächezuständen, Unterkühlung, Grippalen Infekten, Erkältungskrankheiten, Darminfekten, Durchfall, inneren Blutungen, Muskelschmerzen.

Äußere Anwendung: Einreibung bei Hautparasiten, Verdampfung bei Erkältungskrankheiten, Mundspülungen bei Zahnfleischblutungen, Massageöl bei rheumatischen Beschwerden.

Psychisch-seelische Wirkung: Zimtöl schenkt emotionale Wärme und Geborgenheit. Es löst seelische Verspannungen und Verhärtungen auf und regt zum Träumen und Phantasieren an. Es ist ein hervorragendes Öl für Menschen, die von Gefühlskälte, Verlustängsten und Mißgunst geplagt werden. Es öffnet und wärmt das Herz und stärkt die Nerven.

Pflanzenbotschaft: «Ich geb dir Wärme zum Leben und Lieben!»

Zirbelkiefer

Lateinischer Name: Pinus cembra
Pflanzenfamilie: Kieferngewächse
Heimat: Alpen, Karpaten, Ural, Sibirien
Gewinnung: Wasserdampfdestillation
Pflanzenteile: Nadeln
Ätherischer Ölgehalt: 1 %
Nötige Pflanzenmenge für 1 kg Essenz: 100 kg
Hauptbestandteile: Pinen, Cadinen, Phellandren, Sylvestren, Limonen, Dipenten, Anisaldehyd
Innere Anwendung: Stärkend, antiseptisch, schleimlösend, auswurffördernd, durchblutungsfördernd, antirheumatisch. Bei Husten, Bronchitis, Nasennebenhöhlenerkrankungen, Tuberkulose, Asthma.
Äußere Anwendung: Kompressen bei Neuralgien, Einreibung bei Muskelschmerz und rheumatischen Beschwerden, als Verdampfung insektenabweisend.

Psychisch-seelische Wirkung: Zirbelkiefernöl hilft den Menschen, denen es an Mut, Ausdauer und Selbstvertrauen fehlt. Es stärkt das Freiheitsgefühl und den Glauben an die eigene Einzigartigkeit. Es hilft, Situationen durchzustehen, in denen man alleine mit seiner Meinung gegen alle anderen steht. Es gibt die Kraft, sich nicht den Normen und Erwartungen zu beugen, sondern dem eigenen Weg treu zu bleiben.

Pflanzenbotschaft: «Ich geb dir Mut und Stärke, zu dir selbst zu stehen!»

Zitrone

Lateinischer Name: Citrus limonum
Pflanzenfamilie: Rautengewächse
Heimat: Ostasien
Gewinnung: Kaltpressung
Pflanzenteile: Fruchtschalen
Ätherischer Ölgehalt: 0,5 %
Nötige Pflanzenmenge für 1 kg Essenz: 60–70 kg (etwa 3000 Früchte)
Hauptbestandteile: Pinen, Limonen, Phellandren, Camphen, Linalool, Citral, Citronellal
Innere Anwendung: Blutreinigend, blutstillend, blutdrucksenkend, antibakteriell, weiße Blutkörperchen aktivierend, fiebersenkend, herzstärkend, entschlackend, gefäßstärkend, abwehrsteigernd. Bei Arthritis, Blutarmut, Rheuma, Appetitlosigkeit, Halsschmerzen, Infektionskrankheiten, Leber- und Gallenleiden, Verdauungsbeschwerden, Krampfadern, Venenentzündungen, Fieber, Asthma, Harnleiterentzündungen.
Äußere Anwendung: Auf blutende Wunden getropft, stoppt es die Blutung, pur auf Warzen und Insektenstiche, zur Pflege fetter und

unreiner Haut, als Gurgelwasser bei Halsschmerzen und Mandelentzündung, als Verdampfung zur Erfrischung und Reinigung der
Raumluft.

Psychisch-seelische Wirkung: Zitronenöl bringt frischen Wind in
die Seele und reinigt sie von angesammeltem Staub der Vergangenheit.

Es führt unmittelbar ins Hier und Jetzt. Bei geistiger Schwere und
Unbeweglichkeit, wenn das Gefühl sich verstärkt, seine Freiheit
verloren zu haben, gibt das Zitronenöl etwas von der ursprüng-
lichen Leichtigkeit und Frische zurück.

Pflanzenbotschaft: «Ich bin der frische Wind für deine Segel!»

Zwiebel

Lateinischer Name: Allium cepa
Pflanzenfamilie: Liliengewächse
Heimat: Zentralasien
Gewinnung: Wasserdampfdestillation
Pflanzenteile: Zwiebel
Ätherischer Ölgehalt: 0,01 %
Nötige Pflanzenmenge für 1 kg Essenz: 10000 kg frische Knollen
Hauptbestandteile: Cycloalliin, Methylalliin, Dihydroalliin
Innere Anwendung: Blutdrucksenkend, auswurffördernd, appetitan-
regend, verdauungsfördernd, abführend, sekretionsanregend, anti-
rheumatisch, antiseptisch, blutzuckersenkend, wurmtreibend.
Bei allgemeiner Schwäche, Stoffwechselstörungen, Wassersucht,
Rheuma, Gicht, Arthritis, Gallensteinen, Durchfall, Blasen- und
Harnwegsinfekten, Grippe, Verdauungsbeschwerden, Arterio-
sklerose, Prostatabeschwerden, Darmparasiten.
Äußere Anwendung: Auf Insektenstiche getupft, Auflagen und Wa-
schungen bei Wunden und Geschwüren.

Psychisch-seelische Wirkung: Zwiebelöl vertreibt negative Gedanken und Trübsal, besonders dann, wenn uns von außen jemand etwas Schlechtes wünscht. Es schafft eine Art Schutzwall, daß uns diese schlechten Schwingungen erst gar nicht erreichen.

Pflanzenbotschaft: «Ich vertreibe die bösen Geister!»

Zypresse

Lateinischer Name:
Cupressus sempervirens
Pflanzenfamilie: Zypressengewächse
Heimat: Östlicher Mittelmeerraum
Gewinnung: Wasserdampfdestillation
Pflanzenteile: Früchte und Zweigspitzen
Ätherischer Ölgehalt: 1 %
Nötige Pflanzenmenge für 1 kg Essenz: 100 kg
Hauptbestandteile: Pinen, Camphen, Sylvestren, Cymen, Sabinol
Innere Anwendung: Adstringierend, krampflösend, schweißhemmend, nervenstärkend, venenstärkend, harntreibend, antirheumatisch, antiseptisch.
Bei Hämorrhoiden, Krampfadern, Durchfall, Grippe, Menstruationsbeschwerden, Rheuma, Husten, Heiserkeit, Keuchhusten, Klimateriumsbeschwerden.
Äußere Anwendung: Zum Gurgeln bei Zahnfleischentzündungen, in Cellulitepräparaten und Hämorrhoidencremes.
Psychisch-seelische Wirkung: Zypressenöl hilft, sich zu konzentrieren, sich auf das Wesentliche zu beschränken und nicht in der riesigen Vielfalt von Eindrücken unterzugehen. Es tröstet bei Kummer und Leid, wirkt nervenstärkend und -beruhigend.
Pflanzenbotschaft: «Konzentrier dich auf das Wesentliche!»

Hilfe bei Krankheiten und Beschwerden von A–Z

Abstillen: Pfefferminze, Salbei

Abszeß: Kamille, Knoblauch, Lavendel, Nelke, Origanum, Thymian, Zwiebel

Abwehrschwäche: Angelika, Cajeput, Eukalyptus, Galgant, Kalmus, Niaouli, Salbei, Tea Tree, Thymian

Akne: Bergamotte, Cajeput, Eukalyptus, Kamille, Niaouli, Sandelholz, Tea Tree, Wacholder, Zitrone

Allergie: Cajeput, Geranium, Immortelle, Kamille, Lavendel, Melisse, Rose

Alpträume: Geranium, Kamille, Lavendel, Neroli, Petitgrain, Rose, Sandelholz, Weihrauch

Alterserscheinungen: Bohnenkraut, Kalmus, Kardamom, Knoblauch, Majoran, Origanum, Rosmarin, Thymian, Zwiebel

Anämie: Kamille, römische, Thymian, Zitrone

Angst: Benzoe, Geranium, Jasmin, Kamille, Patchouli, Perubalsam, Rose, Sandelholz, Tonkabohne, Weihrauch, Ylang-Ylang

Angina: Bergamotte, Cajeput, Ingwer, Salbei, Tea Tree, Thymian, Zitrone

Ansteckungsgefahr: Cajeput, Eukalyptus, Knoblauch, Lavendel, Nelke, Pfefferminz, Salbei, Tea Tree, Thymian, Wacholder

Antidepressivum: Bergamotte, Geranium, Jasmin, Mairose, Patchouli, Rose, Rosenholz, Sandelholz, Tuberose, Ylang-Ylang

Antriebsschwäche: Bohnenkraut, Ingwer, Kardamom, Lemongrass, Origanum, Thymian, Zitrone

Aphrodisierend: Geranium, Honig absolue, Hyazinthe, Jasmin, Kardamom, Mairose, Moschus absolue, Muskatnuß, Patchouli, Perubalsam, Rose, Rosenholz, Sandelholz, Tuberose, Vanille, Veilchen, Vetiver, Ylang-Ylang

Appetitlosigkeit: Anis, Bergamotte, Estragon, Fenchel, Ingwer, Kalmus, Knoblauch, Koriander, Kümmel, Muskatnuß, Origanum, Pfeffer, Salbei, Ysop, Zitrone

Arteriosklerose: Knoblauch, Majoran, Rosmarin, Wacholder, Zitrone, Zwiebel

Asthma: Anis, Benzoe, Bohnenkraut, Cajeput, Eukalyptus, Fichte, Lavendel, Majoran, Myrte, Niaouli, Origanum, Pfefferminze, Rosmarin, Salbei, Thymian, Wacholder, Ysop, Zirbelkiefer, Zitrone, Zypresse

Aufregung: Benzoe, Cananga, Geranium, Jasmin, Kamille, Mairose, Melisse, Neroli, Rose, Rosenholz, Sandelholz, Veilchen, Vetiver, Weihrauch

Augenentzündung: Geranium, Kamille, Lavendel, Rose, Zitrone

Augenschwäche: Angelika, Fenchel, Geranium, Kalmus, Kamille, Rose

Ausfluß: Cajeput, Myrrhe, Patchouli, Rose, Sandelholz, Wacholder, Weihrauch, Zedernholz, Zypresse

Bauchschmerzen: Anis, Fenchel, Kamille, Kümmel, Lavendel, Melisse, Rose

Beklemmung: Bergamotte, Jasmin, Lavendel, Mandarine, Melisse, Muskatellersalbei, Neroli, Rose, Rosenholz, Sandelholz, Weihrauch, Ylang-Ylang

Bettnässen: Wacholder, Zypresse

Bindegewebsschwäche: Orange, Pampelmuse, Wacholder, Zitrone, Zypresse

Blähungen: Anis, Bohnenkraut, Cumin, Estragon, Fenchel, Galgant, Ingwer, Kalmus, Kardamom, Koriander, Kümmel, Majoran, Origanum, Thymian, Ysop, Zimt

Blasen: Benzoe, Lavendel, Perubalsam

Blasenentzündung: Cajeput, Eukalyptus, Fenchel, Fichte, Goldrute,

Lavendel, Myrte, Pampelmuse, Pfefferminze, Sandelholz, Terpentin, Thuja, Thymian, Wacholder, Zeder, Zimt

Blaue Flecken: Arnika, Fenchel, Kamille, Lavendel, Ysop

Blutdruck (hoch): Basilikum, Knoblauch, Lavendel, Majoran, Melisse, Neroli, Ylang-Ylang

Blutdruck (niedrig): Kampfer, Pfefferminze, Rosmarin, Salbei, Terpentin, Thymian, Ysop

Blutreinigung: Lemongrass, Wacholder, Zitrone

Blutungen: Eukalyptus, Geranium, Myrrhe, Rose, Zitrone, Zypresse

Brandwunden: Cajeput, Eukalyptus, Kamille, Lavendel, Myrte, Rosmarin, Salbei

Brechreiz: Anis, Fenchel, Pfefferminze, Rosmarin, Zitrone

Bronchitis: Anis, Basilikum, Benzoe, Bohnenkraut, Cajeput, Eukalyptus, Fenchel, Fichte, Immortelle, Kampfer, Lavendel, Majoran, Pfefferminze, Rosmarin, Salbei, Terpentin, Thymian, Tolubalsam, Weihrauch, Ysop, Zirbelkiefer

Brustwarzen (entzündete): Geranium, Mairose, Rose

Busen (zu groß): Bergamotte, Wacholder, Zitrone, Zypresse

Busen (zu klein): Geranium, Jasmin, Rose, Ylang-Ylang

Cholera: Cajeput, Eukalyptus, Niaouli

Cholesterinspiegel (zu hoch): Rosmarin, Thymian

Darminfektion: Basilikum, Bergamotte, Cajeput, Geranium, Immortelle, Kamille, Knoblauch, Lavendel, Myrte, Pfefferminze, Rosmarin, Tea Tree, Terpentin, Thymian, Ysop, Zitrone, Zwiebel

Darmgeschwüre: Kamille, Zitrone

Darmkoliken: Anis, Angelika, Basilikum, Bergamotte, Cajeput, Fenchel, Galgant, Kamille, Lavendel, Melisse, Origanum, Pfefferminze, Rose, Wacholder

Darmparasiten: Bergamotte, Bohnenkraut, Cajeput, Estragon, Eukalyptus, Fenchel, Kamille, Knoblauch, Kümmel, Lavendel, Myrte, Pfefferminze, Terpentin, Thuja, Thymian, Wurmsamen, Ysop, Zimt, Zitrone, Zwiebel

Depression: Bergamotte, Geranium, Jasmin, Lavendel, Lemongrass, Neroli, Rose, Rosenholz, Veilchen, Ylang-Ylang, Zitrone

Desinfizierung (Luft): Eukalyptus, Lavendel, Nelke, Origanum, Salbei, Tea Tree, Thymian, Wacholder, Zimt

Desinfizierung (Wasser): Myrte, Salbei, Zitrone

Diabetes: Eukalyptus, Geranium, Salbei, Wacholder, Zwiebel

Diphtherie: Bergamotte

Durchblutung (mangelnde): Cassia, Davana, Kampfer, Muskatnuß, Pfeffer, Piment, Rosmarin, Thymian, Zimt

Durchfall: Bohnenkraut, Cassia, Eukalyptus, Galgant, Geranium, Ingwer, Kalmus, Kamille, Knoblauch, Lavendel, Muskatnuß, Myrrhe, Pfeffer, Pfefferminze, Rosmarin, Sandelholz, Thymian, Wacholder, Zimt, Zitrone, Zypresse

Eierstockerkrankung: Salbei, Zypresse

Eifersucht: Baldrian, Curcuma, Geranium, Jasmin, Kamille, Perubalsam, Tuberose, Ylang-Ylang

Einsamkeit: Fenchel, Honig absolue, Ingwer, Kamille

Ekzem: Bergamotte, Geranium, Lavendel, Kamille, Knoblauch, Salbei, Wacholder, Ysop, Zeder

Entgiftung: Fenchel, Kamille röm., Wacholder, Zitrone

Entkalkung: Zitrone

Entscheidungsschwäche: Eukalyptus, Lemongrass, Muskatellersalbei, Rosmarin, Salbei, Zitrone

Epilepsie: Basilikum, Lavendel, Rosmarin, Tabak

Erbrechen: Anis, Basilikum, Cajeput, Kampfer, Kardamom, Lavendel, Melisse, Pfefferminze, Sandelholz, Zitrone

Erkältung: Anis, Benzoe, Cajeput, Eukalyptus, Ingwer, Kamille, Kampfer, Knoblauch, Latschenkiefer, Lavendel, Majoran, Myrrhe, Niaouli, Pfefferminze, Ravensara, Rosmarin, Salbei, Thymian, Ysop, Zitrone, Zimt, Zirbelkiefer

Erschöpfung (geistige): Angelika, Basilikum, Cajeput, Kampfer, Kardamom, Muskatellersalbei, Nelke, Pfefferminze, Rosmarin, Thymian, Ysop, Zitrone

Erschöpfung (körperliche): Basilikum, Ingwer, Knoblauch, Majoran, Muskatnuß, Nelke, Petersilie, Rosmarin, Salbei, Sellerie, Thymian, Wacholder, Zimt, Zwiebel

Existenzangst: Angelika, Fenchel, Honig absolue, Kamille, Rose, Thuja, Wacholder, Wermut, Zirbelkiefer

Falten: Karottensamen, Myrrhe, Neroli, Weihrauch

Fanatismus: Eukalyptus, Pfefferminze, Wermut, Zitrone

Fettsucht: Bergamotte, Fenchel, Limette, Wacholder, Zitrone, Zwiebel, Zypresse

Fieber (senkend): Basilikum, Bergamotte, Cajeput, Eukalyptus, Ingwer, Kampfer, Lavendel, Melisse, Pfeffer, Pfefferminze, Rosmarin, Sassafras, Tea Tree, Ysop, Zitrone

Fisteln: Lavendel, Myrte, Niaouli

Flechten: Geranium, Kamille, Zitrone

Flöhe: Cajeput, Eukalyptus, Geranium, Lavendel, Nelke, Niaouli, Rosmarin, Zitrone

Frigidität: Geranium, Jasmin, Muskatellersalbei, Rose, Sandelholz, Tuberose, Ylang-Ylang

Frostbeulen: Geranium, Kamille, Majoran, Pfeffer, Rose, Rosmarin, Wacholder, Zitrone, Zypresse

Furunkel: Bergamotte, Kamille, Lavendel, Thymian, Wacholder, Zitrone, Zwiebel

Fußpilz: Lavendel, Myrrhe, Pfefferminze, Tea Tree

Gallenblasenentzündung: Fichtennadel, Petersilie, Rose, Rosmarin

Gallensteine: Bergamotte, Eukalyptus, Fichtennadel, Lavendel, Muskatnuß, Petersilie, Pfefferminze, Rosmarin, Terpentin, Zwiebel

Gastritis: Geranium, Kamille, Rose, Pfefferminze, Zitrone

Gebärmutterleiden: Jasmin, Melisse, Muskatellersalbei, Myrrhe, Petersilie, Rose, Weihrauch, Zypresse

Geburtsschmerzen: Jasmin, Lavendel, Muskatellersalbei, Myrrhe, Salbei

Gedächtnisschwäche: Basilikum, Eukalyptus, Kardamom, Majoran, Nelke, Rosmarin, Salbei, Sassafras, Ysop, Verbene, Zirbelkiefer

Gehirntätigkeit (stimulierend): Angelika, Basilikum, Bohnenkraut, Cassia, Kalmus, Kardamom, Nelke, Rosmarin, Thymian, Weihrauch

Geistige Überanstrengung: Basilikum, Bohnenkraut, Nelke, Rosmarin, Thymian, Zwiebel

Geiz: Curcuma, Jasmin, Magnolie, Rose, Tuberose, Ylang-Ylang

Gelbsucht: Geranium, Kamille, Pfefferminze, Rosmarin, Thymian, Zitrone, Zwiebel, Zypresse

Geschlechtsorgane (Infektion): Benzoe, Rose, Terpentin, Zwiebel

Geschwüre (Haut): Benzoe, Bergamotte, Cajeput, Eukalyptus, Geranium, Kampfer, Knoblauch, Lavendel, Muskatellersalbei, Niaouli, Tea Tree, Wacholder

Geschwüre (innere): Geranium, Kamille, Rose

Geschwüre (Mund): Myrrhe, Salbei, Weihrauch

Gewichtsprobleme (Übergewicht): Bergamotte, Fenchel, Wacholder, Zitrone, Zypresse

Gicht: Basilikum, Benzoe, Birke, Fenchel, Fichte, Kampfer, Knoblauch, Kiefernnadel, Poleyminze, Rosmarin, Sassafras, Terpentin, Thymian, Wacholder, Wiesenkönigin, Zimt

Grippaler Infekt: Cajeput, Cassia, Eukalyptus, Fenchel, Fichtennadel, Kamille, Knoblauch, Lavendel, Melisse, Myrte, Niaouli, Origanum, Pfefferminze, Rosmarin, Salbei, Tea Tree, Thymian, Zimt, Zitrone, Zypresse

Gürtelrose: Cajeput, Eukalyptus, Geranium, Niaouli, Pfefferminze, Tea Tree

Haarausfall: Cajeput, Rosmarin, Salbei, Thymian

Haarschuppen: Birke, Eukalyptus, Wacholder, Zeder, Zypresse

Halsentzündung: Cajeput, Eukalyptus, Geranium, Ingwer, Melisse, Myrrhe, Salbei, Thymian, Weihrauch, Zitrone

Halsschmerzen: Benzoe, Lavendel, Thymian

Haß: Angelika, Baldrian, Kamille, Melisse, Pfefferminze, Wermut, Ylang-Ylang

Harnsteine: Fenchel, Geranium, Kamille, Knoblauch, Wacholder, Ysop, Zitrone

Harnwegsinfektionen: Benzoe, Bergamotte, Cajeput, Copaiva Balsam, Eukalyptus, Fenchel, Fichtennadel, Geranium, Lavendel, Myrte, Petersilie, Salbei, Sandelholz, Siamholz, Terpentin, Thymian, Wacholder, Weihrauch, Zitrone, Zwiebel

Harnröhrenentzündung: Bergamotte

Haut (alternde): Geranium, Karottensamen, Myrrhe, Patchouli, Rose, Vetiver, Weihrauch

Hautkrankheiten: Cajeput, Geranium, Kamille, Salbei, Thymian, Wacholder, Ysop

Heiserkeit: Jasmin, Myrrhe, Thymian, Zitrone, Zypresse

Herpes: Bergamotte, Eukalyptus, Geranium, Kampfer, Melisse, Pampelmuse, Rose, Tea Tree, Ysop

Herzbeschwerden (nervöse): Angelika, Anis, Estragon, Geranium, Jasmin, Kamille, Kampfer, Kümmel, Lavendel, Melisse, Pfefferminze, Rose, Ylang-Ylang

Herzbeutelentzündung: Zwiebel

Herzrhythmusstörungen: Kampfer, Neroli, Pfefferminze, Rose, Rosmarin

Herzschwäche: Anis, Cumin, Kampfer, Knoblauch, Rosmarin

Heuschnupfen: Cajeput, Eukalyptus, Kamille, Lavendel, Melisse, Myrte, Pfefferminze, Salbei, Tea Tree, Ysop, Zypresse

Hexenschuß: Ingwer, Kampfer, Pfeffer, Pfefferminze, Wintergreen

Hühneraugen: Fenchel, Knoblauch, Zitrone, Zwiebel

Husten: Anis, Benzoe, Cajeput, Eukalyptus, Fichtennadel, Kiefernnadel, Latschenkiefer, Majoran, Myrrhe, Niaouli, Pfefferminze, Pfeffer, Rosmarin, Thymian, Wacholder, Weihrauch, Ysop, Zimt, Zirbelkiefer, Zypresse

Hyperventilation: Ylang-Ylang

Hysterie: Bergamotte, Cananga, Jasmin, Lavendel, Mandarine, Melisse, Muskatellersalbei, Myrrhe, Neroli, Orange, Palmarosa, Petitgrain, Rose, Rosenholz, Sandelholz, Vetiver, Weihrauch, Ylang-Ylang

Immunsystem (Schwäche): Angelika, Bergamotte, Cajeput, Eukalyptus, Geranium, Knoblauch, Niaouli, Tea Tree, Thymian

Impotenz: Anis, Basilikum, Bohnenkraut, Fichte, Ingwer, Muskatellersalbei, Pfeffer, Sandelholz, Thymian, Wacholder, Zimt, Zwiebel, Zypresse

Infektion (Atemwege): Bergamotte, Cajeput, Eukalyptus, Kampfer, Lavendel, Myrte, Niaouli, Pfefferminze, Salbei, Tea Tree, Thymian

Insektenstiche: Basilikum, Bohnenkraut, Cajeput, Knoblauch, Lavendel, Melisse, Nelke, Salbei, Sassafras, Zimt, Zitrone, Zwiebel

Ischias: Kamille, Lavendel, Terpentin

Juckreiz: Benzoe, Bergamotte, Cajeput, Lavendel, Melisse, Niaouli, Pfefferminze, Sandelholz, Zitrone

Kahlköpfigkeit: Rosmarin, Zwiebel

Katarrh: Cajeput, Eukalyptus, Myrte, Niaouli, Pfefferminze, Tea Tree, Zirbelkiefer

Kater: Anis, Eukalyptus, Fenchel, Pfefferminze, Zitrone

Kehlkopfentzündung: Benzoe, Cajeput, Lavendel, Myrte, Salbei, Sandelholz, Thymian, Zwiebel

Keuchhusten: Basilikum, Cajeput, Eukalyptus, Kampfer, Knoblauch, Lavendel, Myrte, Origanum, Tea Tree, Terpentin, Thymian, Ysop, Zypresse

Klimakteriumsbeschwerden: Fenchel, Geranium, Kamille, Rose, Salbei, Zypresse

Kolik: Anis, Benzoe, Cumin, Fenchel, Kamille, Kardamom, Koriander, Lavendel, Majoran, Melisse, Muskatellersalbei, Pfefferminze, Wacholder, Ysop, Zypresse

Konzentrationsschwäche: Basilikum, Cajeput, Eukalyptus, Kardamom, Lemongrass, Lorbeer, Myrte, Nelke, Pfefferminze, Rosmarin, Salbei, Tea Tree, Ysop, Zirbelkiefer

Kopfgrind: Lavendel, Myrrhe, Tea Tree

Kopfschmerz: Cajeput, Eukalyptus, Kamille, Lavendel, Lemongrass, Melisse, Pfefferminze, Rose, Rosmarin, Salbei, Zitrone

Krätze: Bergamotte, Cajeput, Knoblauch, Lavendel, Myrte, Nelke, Pfefferminze, Rosmarin, Tea Tree, Terpentin, Thymian, Zimt

Krampfadern: Bergamotte, Knoblauch, Rosmarin, Wacholder, Zitrone, Zwiebel, Zypresse

Krämpfe: Kamille, Koriander, Lavendel, Majoran, Muskatellersalbei, Neroli, Quendel, Zypresse

Kreislaufschwäche: Knoblauch, Rosmarin, Thymian, Ysop, Zimt, Zypresse

Kropf: Knoblauch, Zwiebel

Kummer: Benzoe, Bergamotte, Jasmin, Perubalsam, Rose, Rosenholz, Sandelholz, Zitrone

Lähmungserscheinungen: Basilikum, Pfefferminze, Rosmarin, Salbei

Läuse: Bergamotte, Cajeput, Eukalyptus, Geranium, Kampfer, Lavendel, Lemongrass, Nelke, Origanum, Raute, Rosmarin, Terpentin, Thymian, Zitrone

Leberinfektion: Karottensamen, Rosmarin, Salbei, Thymian, Zitrone, Zypresse

Lethargie: Citronella, Lemongrass, Limette, Melisse Indicum, Pampelmuse, Pfeffer, Thymian, Zimt, Zitrone

Leukorrhöe: Benzoe, Bergamotte, Cajeput, Eukalyptus, Lavendel, Majoran, Muskatellersalbei, Myrrhe, Myrte, Rosmarin, Salbei, Sandelholz, Tea Tree, Thymian, Weihrauch, Ysop

Leukozytose: Bergamotte, Kamille, Lavendel

Luftschlucken: Anis, Cumin, Fenchel, Estragon, Koriander, Kümmel, Majoran, Origanum, Pfefferminze, Zitrone

Lungenentzündung: Cajeput, Estragon, Eukalyptus, Fichte, Kampfer, Knoblauch, Lavendel, Myrte, Niaouli, Rosmarin, Tea Tree

Lymphknotenentzündung: Lavendel, Salbei, Wacholder, Zwiebel, Zypresse

Lymphstau: Cajeput, Eukalyptus, Kampfer, Knoblauch, Niaouli, Tea Tree, Thymian, Wacholder, Zitrone, Zypresse

Magengeschwür: Basilikum, Cajeput, Kamille, Kümmel, Pfefferminze, Zitrone

Magenkrämpfe: Basilikum, Buccoblätter, Cajeput, Cumin, Ingwer, Kamille, Koriander, Kümmel, Majoran, Melisse, Pfefferminze, Tea Tree, Zimt

Magenschleimhautentzündung: Kamille, Zitrone

Magenschmerzen: Bohnenkraut, Estragon, Fenchel, Fichte, Geranium, Kampfer, Lemongrass, Pfefferminze, Rosmarin, Ysop, Zimt

Magenübersäuerung: Basilikum, Geranium, Kamille, Kardamom, Melisse, Pfefferminze, Zitrone

Magersucht: Bergamotte, Jasmin, Kamille, Lavendel, Muskatellersalbei, Neroli, Rose, Ylang-Ylang

Malaria: Cajeput, Eukalyptus, Myrte, Niaouli, Tea Tree

Mandelentzündung: Benzoe, Bergamotte, Lavendel, Thymian, Zimt

Masern: Bergamotte, Cajeput, Eukalyptus, Lavendel, Myrte, Niaouli, Tea Tree

Migräne: Anis, Bergamotte, Eukalyptus, Immortelle, Kamille, Lavendel, Majoran, Melisse, Pfefferminze, Rosmarin, Terpentin, Zitrone

Minderwertigkeitsgefühl: Bergamotte, Geranium, Jasmin, Rose, Sandelholz, Thuja, Wacholder

Mißgunst: Geranium, Jasmin, Mairose, Rose, Rosenholz, Tuberose, Ylang-Ylang

Mittelohrentzündung: Cajeput, Eukalyptus, Lavendel, Myrte, Niaouli, Tea Tree

Menstruation (ausbleibende): Basilikum, Estragon, Fenchel, Kümmel, Lavendel, Muskatellersalbei, Muskatnuß, Myrrhe, Nelke, Origanum, Petersilie, Rosmarin, Salbei, Sassafras, Thymian, Wacholder, Wermut, Ysop, Zimt, Zypresse

Menstruation (schmerzhafte): Anis, Benzoe, Bergamotte, Cajeput, Estragon, Ingwer, Jasmin, Kamille, Lavendel, Majoran, Melisse, Pfefferminze, Rose, Rosmarin, Salbei, Tea Tree, Wacholder, Ysop, Zypresse

Menstruation (unregelmäßige): Melisse, Muskatellersalbei, Rose

Mottenabwehr: Cajeput, Eukalyptus, Lavendel, Myrte, Nelke, Niaouli, Tea Tree, Zeder, Zitrone

Müdigkeit: Basilikum, Majoran, Muskatnuß, Nelke, Rosmarin, Thymian

Mundschleimhautentzündung: Bergamotte, Geranium, Myrrhe, Salbei, Tea Tree, Zitrone

Muskelkater: Kamille, Lavendel, Melisse, Pfeffer, Wacholder

Muskelschmerzen: Cajeput, Eukalyptus, Ingwer, Kamille, Lavendel, Mandarine, Myrte, Pfeffer, Rosmarin, Tabak, Wacholder, Zitrone

Mutlosigkeit: Bohnenkraut, Cassia, Ingwer, Kardamom, Lorbeer, Majoran, Origanum, Pfeffer, Quendel, Thymian, Zimt

Nasenbluten: Myrrhe, Terpentin, Weihrauch, Zitrone, Zypresse

Nasennebenhöhlenentzündung: Cajeput, Eukalyptus, Fichte, Kamille, Knoblauch, Lavendel, Myrte, Niaouli, Pfefferminze, Tea Tree, Thymian, Zitrone, Zwiebel

Negativität: Bergamotte, Geranium, Lemongrass, Melisse, Rose, Zitrone

Nerven (Überreizung): Angelika, Basilikum, Costuswurzel, Estragon, Geranium, Jasmin, Kalmus, Kampfer, Lavendel, Lemongrass, Majoran, Mandarine, Melisse, Neroli, Patchouli, Pfefferminze, Rose, Rosenholz, Sandelholz, Vetiver, Wacholder, Ylang-Ylang, Zirbelkiefer, Zypresse

Nervenschmerzen: Eukalyptus, Geranium, Kamille, Koriander, Lavendel, Pfefferminze, Rose, Rosmarin

Nervosität: Angelika, Baldrian, Fenchel, Galgant, Jasmin, Lavendel, Mandarine, Narzisse, Petitgrain, Rose, Rosenholz, Sandelholz, Vetiver, Zeder

Neuralgie: Basilikum, Cajeput, Eukalyptus, Geranium, Kamille, Kampfer, Lavendel, Neroli, Niaouli, Petitgrain, Pfefferminze, Rose, Terpentin

Nierenbeckenentzündung: Fichte, Sandelholz, Terpentin, Thuja

Nierenentzündung: Cajeput, Eukalyptus, Geranium, Goldrute, Kamille, Melisse, Rose, Weihrauch, Zeder, Zypresse

Nierensteine: Fenchel, Geranium, Wacholder

Ödeme: Geranium, Knoblauch, Koriander, Rosmarin, Zwiebel

Ohnmacht: Ingwer, Lavendel, Neroli, Petitgrain, Pfefferminze, Rosmarin

Ohrenschmerzen: Basilikum, Cajeput, Kamille, Lavendel, Myrte, Ysop, Zitrone

Pessimismus: Bergamotte, Geranium, Jasmin, Lavendel, Lemongrass, Rose, Ylang-Ylang, Zitrone

Phobie: Jasmin, Mairose, Melisse, Neroli, Rose, Rosenholz, Tuberose, Ylang-Ylang

Pickel (entzündete): Lavendel, Nelke, Tea Tree, Thymian, Zitrone

Pilze: Angelika, Citronella, Immortelle, Kamille, Kampfer, Myrrhe, Myrte, Nelke, Niaouli, Pfefferminze, Tea Tree, Thymian, Zimt

Polypen: Thuja, Wacholder, Zypresse

Prellungen: Arnika, Lavendel, Salbei, Zimt, Zitrone

Prostatavergrößerung: Knoblauch, Zwiebel

Prostataentzündung: Fichtennadel, Kiefernnadel, Wacholder, Zirbelkiefer, Zypresse

Rachenentzündung: Bergamotte, Cajeput, Eukalyptus, Geranium, Lavendel, Muskatellersalbei, Myrte, Niaouli, Tea Tree

Rachitis: Fichte, Knoblauch, Salbei, Thymian, Zwiebel

Reizbarkeit: Angelika, Benzoe, Kamille, Lavendel, Perubalsam, Sandelholz, Wacholder, Zirbelkiefer, Zypresse

Rekonvaleszenz: Basilikum, Bergamotte, Muskatellersalbei, Nelke, Rosmarin, Thymian, Zitrone

Resignation: Citronella, Geranium, Jasmin, Lemongrass, Limette, Mandarine, Rose, Ylang-Ylang, Zitrone

Rheuma: Birke, Cajeput, Citronella, Estragon, Eukalyptus, Ingwer, Kamille, Kampfer, Knoblauch, Koriander, Lavendel, Lemongrass, Majoran, Muskatnuß, Niaouli, Origanum, Pfeffer, Rosmarin, Sassafras, Terpentin, Thymian, Thuja, Wacholder, Wiesenkönigin, Zwiebel, Zypresse

Rückenschmerzen: Ingwer, Lavendel, Majoran, Pfeffer, Rosmarin

Ruhr: Cajeput, Eukalyptus, Knoblauch, Myrte, Niaouli, Tea Tree, Thymian, Zitrone

Scharlach: Cajeput, Eukalyptus, Myrte, Niaouli, Tea Tree

Schlaflosigkeit: Basilikum, Bergamotte, Jasmin, Kamille, Kampfer, Lavendel, Melisse, Neroli, Petitgrain, Rose, Rosenholz, Sandelholz, Weihrauch, Ylang-Ylang

Schlaganfall: Salbei

Schluckauf: Cumin, Estragon, Kümmel

Schmerzen (stillend): Bergamotte, Cajeput, Geranium, Kamille, Kampfer, Lavendel, Majoran, Pfefferminze, Rosmarin

Schnupfen: Cajeput, Eukalyptus, Fichtennadel, Myrrhe, Myrte, Niaouli, Tea Tree, Weihrauch, Ysop

Schock: Kampfer, Lavendel, Melisse, Neroli, Petitgrain, Pfefferminze

Schwäche: Basilikum, Bohnenkraut, Davana, Ingwer, Knoblauch,

Majoran, Muskatnuß, Nelke, Origanum, Pfefferminze, Rosmarin, Thymian, Wacholder, Ysop, Zimt, Zirbelkiefer, Zitrone, Zwiebel

Schweiß (zu starker): Salbei, Wacholder, Zypresse

Schwerhörigkeit: Basilikum, Bohnenkraut, Fenchel, Knoblauch, Zwiebel

Schwindelanfälle: Anis, Basilikum, Kamille, Kümmel, Lavendel, Origanum, Pfefferminze, Rosmarin, Thymian

Sehschwäche: Karottensamen, Rosmarin

Skorbut: Knoblauch, Lavendel, Salbei, Zwiebel

Skrofulose: Knoblauch, Lavendel, Salbei, Zwiebel

Sodbrennen: Kardamom, Koriander, Pfeffer, Sandelholz, Zitrone

Sommersprossen: Knoblauch, Zitrone, Zwiebel

Sonnenbrand: Immortelle, Kamille, Lavendel, Myrrhe, Perubalsam, Tea Tree

Sonnenstich: Lavendel, Melisse, Neroli, Pfefferminze, Rose, Zitrone

Sorgen: Bergamotte, Geranium, Lavendel, Lemongrass, Limette, Mandarine, Melisse, Neroli, Rose, Tuberose, Ylang-Ylang, Zitrone

Sterilität: Geranium, Jasmin, Rose

Stillen (zu gering): Anis, Fenchel, Kümmel

Stimmverlust: Lavendel, Thymian, Zitrone, Zypresse

Stirnhöhlenvereiterung: Cajeput, Eukalyptus, Fichte, Kiefer, Lavendel, Myrte, Niaouli, Pfefferminze, Tea Tree, Thymian, Zitrone

Streß: Angelika, Baldrian, Gingergrass, Honig absolue, Jasmin, Kamille, Lavendel, Melisse, Narzisse, Neroli, Rose, Ylang-Ylang

Traurigkeit: Angelika, Bergamotte, Citronella, Honig absolue, Jasmin, Kamille, Perubalsam, Rose, Ylang-Ylang

Tripper: Benzoe, Bergamotte, Cajeput, Eukalyptus, Knoblauch, Lavendel, Sandelholz, Sassafras, Ysop, Zitrone

Typhus: Knoblauch, Lavendel, Thymian, Zitrone

Tuberkulose: Bergamotte, Cajeput, Eukalyptus, Kampfer, Myrrhe, Myrte, Niaouli, Origanum, Pfefferminze, Sandelholz, Tea Tree, Terpentin, Thymian, Ysop

Übelkeit: Basilikum, Kardamom, Lavendel, Melisse, Neroli, Petitgrain, Pfeffer, Pfefferminze, Rose, Sandelholz

Überreiztheit: Cananga, Honig absolue, Lavendel, Myrrhe, Vetiver, Weihrauch, Zirbelkiefer, Zypresse

Unterdrückte Gefühle: Bohnenkraut, Fenchel, Kardamom, Origanum, Pfeffer, Zimt

Vaginalinfektion: Cajeput, Kamille, Tea Tree

Venenentzündung: Zitrone

Verbitterung: Angelika, Honig absolue, Jasmin, Rose, Ylang-Ylang

Verbrennungen: Lavendel

Verdauungsbeschwerden: Angelika, Anis, Basilikum, Bohnenkraut, Buccoblätter, Cumin, Enzian, Estragon, Fenchel, Ingwer, Kamille, Kardamom, Koriander, Kümmel, Majoran, Melisse, Myrte, Nelke, Origanum, Pfeffer, Poleyminze, Wacholder, Ysop, Zimt, Zitrone, Zwiebel

Verstopfung: Anis, Cumin, Fenchel, Kümmel, Majoran, Pfeffer, Thuja, Wacholder

Verwirrung: Eukalyptus, Pfefferminze, Rosmarin, Salbei

Virusinfektion: Bergamotte, Eukalyptus, Knoblauch, Myrte, Niaouli, Tea Tree, Thymian

Wankelmut: Angelika, Bergamotte, Sandelholz, Thuja, Wacholder, Zirbelkiefer, Zypresse

Warzen: Knoblauch, Lavendel, Nelke, Pfefferminze, Thuja, Zitrone, Zwiebel

Weißfluß: Lavendel, Rosmarin, Salbei, Terpentin, Thymian, Wacholder, Ysop, Zimt

Willensschwäche: Angelika, Bohnenkraut, Galbanum, Galgant, Knoblauch, Origanum, Pfeffer, Rosmarin, Salbei, Thymian, Zypresse

Windpocken: Bergamotte, Cajeput, Eukalyptus, Myrte, Niaouli, Tea Tree

Wunden (schlecht heilend): Benzoe, Cajeput, Calendula, Geranium, Gurjunbalsam, Johanniskraut, Lavendel, Myrte, Ravensara, Rosmarin, Salbei, Tea Tree, Tolubalsam, Wacholder, Zwiebel

Wunden (schlecht vernarbend): Benzoe, Lavendel, Perubalsam, Rosmarin, Salbei, Sandelholz, Terpentin, Thymian, Ysop

Würmer: Birke, Bohnenkraut, Estragon, Eukalyptus, Kümmel, Pfefferminze, Tea Tree, Terpentin, Thuja, Thymian, Wacholder, Ysop, Zitrone, Zwiebel

Wut: Angelika, Baldrian, Geranium, Honig absolue, Jasmin, Kamille, Melisse, Pfefferminze, Ylang-Ylang

Zahnfleischentzündung: Cajeput, Eukalyptus, Kamille, Myrrhe, Myrte, Niaouli, Salbei, Tea Tree, Thymian

Zahnschmerzen: Cajeput, Nelke, Pfefferminze, Salbei, Thymian

Zahnfleischbluten: Salbei, Thymian, Zitrone

Anhang

Literatur

Drury, Nevile und Susan: Handbuch der heilenden Öle, Aromen und Essenzen, Aitrang 1989 (Windpferd)

Fischer-Rizzi, Susanne: Poesie der Düfte, Isny 1989 (Joy)

Godet, Jean-D.: Heilpflanzen und ihre Drogen. Erkennen – Pflegen – Heilen, München 1992 (Mosaik)

Hohe, Hannelore/von Uslar Gleichen, Cornelia: Aylas Buch der ätherischen Öle. Die Einführung in die Welt der Aromatherapie, (o. Ort) 1992 (Hermetica)

H&R Edition: Lexikon Duftbausteine, Hamburg 1989 (Glöss)

Huibers, Jaap: Liebe, Kräuter und Ernährung, Freiburg 1983 (Aurum)

Jünemann, Monika: Verzaubernde Düfte, Aitrang 1990 (Windpferd)

Keller, Erich: Das Handbuch der ätherischen Öle, München 1989 (Goldmann)

Kraus, Michael: Die neue Vollwertküche mit ätherischen Ölen, Gaimersheim 1989 (Simon & Wahl)

Kraus, Michael: Einführung in die Aromatherapie, Gaimersheim 1991 (Simon & Wahl)

Maury, Marguerite: Die Geheimnisse der Aromatherapie. Wohlgerüche für Gesundheit und Kraft, Vitalität, Jugend und Schönheit, Aitrang 1990 (Windpferd)

Mességué, Maurice: Das Mességué Heilkräuter-Lexikon, Berlin 1994 (Ullstein)

152

Mésségué, Maurice/Bontemps, Michel: Heilpflanzen. Therapie-Lexikon, Berlin 1991 (Ullstein)

Neier, Klaus W.: Paradiese, Zauber der ätherischen Öle. Alles über die Seele der Pflanzen, (o. Ort) 1992 (Neiser)

Pahlow, Mannfrid: Hausapotheke. Bewährte Hausmittel zur Behandlung von Alltagsbeschwerden, München 1992 (Gräfe und Unzer)

Pahlow, Mannfrid: Das große Buch der Heilpflanzen, München 1993 (Gräfe und Unzer)

Price, Shirley: Praktische Aromatherapie, Neuhausen 1988 (Urania)

Pütz, Jean/Niklas, Christine: Gesundheit mit Kräutern und Essenzen, Köln 1991 (VGS)

Sheikh Hakim Abu Abdullah: Die Heilkunst der Sufis, Freiburg 1984 (Bauer)

Stead, Christine: Aromatherapie, Düsseldorf 1987 (Econ)

Surya, G. W.: Die verborgenen Heilkräfte der Pflanzen, Freiburg 1960 (Bauer)

Tisserand, Maggie: Die Geheimnisse wohlriechender Essenzen, Aitrang 1993 (Windpferd)

Tisserand, Robert: Aromatherapie, Freiburg 1988 (Bauer)

Trautner, Eva: Kräuterbuch, München 1985 (Heyne)

Valnet, Jean: Aromatherapie, München 1986 (Heyne)

Register

154

Adressen

Wer nach dem Lesen Lust bekommen hat, selbst Zauberlehrling, -gehilfe oder -meister mit den ätherischen Ölen zu werden und für seine Hexenküche Informationen, Öle, Lampen oder Literatur sucht, kann sich an

Buntspecht Naturwarengroßhandel
Bahnhofstraße 4 a
85080 Gaimersheim

oder

Regenbogen
Borsigallee 55
60388 Frankfurt/Main

wenden.

Viel Freude beim Mischen und Zaubern!